Burnout kommt nicht nur von Stress

Dr. med. Mirriam Prieß

Burnout kommt nicht nur von Stress

Warum wir wirklich ausbrennen –
und wie wir zu uns selbst zurückfinden

südwest

Inhalt

Vorwort

»Ob ich mich für mich interessiere?«, wiederholte ein beruflich erfolgreicher wie mittlerweile ausgebrannter Manager meine Frage. Er dachte einen Augenblick lang nach, sah mich dann an und fragte: »Wie definieren Sie ›Interesse‹?«

»Ob ich mit mir im Dialog stehe?«, fragte der erschöpfte Geschäftsführer eines erfolgreichen mittelständischen Unternehmens. Nach einem Moment des Schweigens sagte er: »Woher soll ich das wissen?«

Was wäre, wenn ich Ihnen diese Frage stellen würde – wenn ich Sie fragen würde: »Interessieren Sie sich für sich?« Was würden Sie mir darauf antworten?

Gehen wir einmal davon aus, dass Sie die Frage mit Ja beantworten würden – interessieren Sie sich denn auch so weit für sich, dass Sie in den sechs zentralen Lebensbereichen mit sich und mit Ihrer Umwelt im Dialog stehen? Würden Sie sagen, dass Sie dort stehen, wo Sie stehen wollen, und ein Leben leben, das Ihnen entspricht?

Wir befinden uns in einer Zeit, in der sich immer mehr Grenzen auflösen und die Menschlichkeit zunehmend verloren geht –

in der Politik, in der Wirtschaft, im beruflichen genauso wie im privaten Bereich. Unsere Welt ist längst eine Welt der Superlative geworden. Eine Welt, in der immer mehr möglich ist und alles machbar sein soll. »Grenzen sind dazu da, um überschritten zu werden«, lautet oft die Devise. Doch gilt dies für alle Grenzen?

Wie selbstverständlich werden Prozesse und Menschen stetig optimiert, nicht selten um jeden Preis und häufig bis zum bitteren Ende. Jede zweite Ehe wird geschieden und manche fast so schnell, wie sie geschlossen wurde.

Kinder entstehen in vitro und nach Plan, Freundschaften werden mittlerweile mit einem Klick und in automatischer Potenzierung geschlossen und nicht wenige haben über 1000 davon. Wir umrunden die Welt nicht mehr in 80, sondern in weniger als zwei Tagen, und viele tun dies mehrmals in einem Monat. Alles muss machbar sein. Wir sind rund um die Uhr für jeden erreichbar – doch uns selbst erreichen wir nicht mehr.

»Können Sie mir keine Technik zeigen, anhand der ich merke, was ich fühle?«, fragte mich eine 45-jährige erfolgreiche Maklerin und Mutter von drei Kindern, die ausgebrannt war.

Wer bin ich – und wenn ja, wie viele? lautet der Titel eines vergangenen Bestsellers. Die Frage nach der eigenen Identität wird immer deutlicher gestellt und ist mittlerweile symptomatisch für den Zustand unserer Gesellschaft geworden – die absurde Frage nach der Anzahl der »Identitäten« ebenfalls.

Immer mehr Menschen verlieren sich beim Versuch, vieles gleichzeitig anzugehen, und vermeiden dabei zugleich, sich auf das Wesentliche zu konzentrieren. Sie stehen weder mit sich selbst noch mit ihrer Umwelt im Dialog und vergessen die entscheidende Frage: Was ist meine Identität, was ist für mich möglich und was nötig?

Menschen, Partnerschaften, Teams und Unternehmen – ganze Systeme brennen aus, weil sie diese Frage für sich entweder gar nicht oder falsch beantworten.

Burnout ist längst zu einem gesellschaftlichen Problem der westlichen Kultur geworden und verursacht nicht nur jährlich Milliardenschäden, sondern auch großes persönliches Leid. Das Erschreckende dabei ist, dass kaum jemand weiß, worin diese neue Zivilisationskrankheit wirklich begründet ist.

Noch immer werden Symptome für Ursachen gehalten, das Thema an sich verleugnet oder lächerlich gemacht.

»Burnout gibt es gar nicht«, lautet die Parole vieler, die sich dabei lange Zeit auf das Diagnosesystem der Internationalen statistischen Klassifikation der Krankheiten und verwandten Gesundheitsprobleme (ICD) berufen konnten. Mit der neuesten Revision dieser Klassifikation vom Mai 2019 hat in Bezug auf Burnout ein längst überfälliges Umdenken stattgefunden. Im ICD-11 erkennt die Weltgesundheitsorganisation (WHO) Burnout als eigenständige Diagnose an.

Doch im Dschungel aus vermeintlichen Ursachen und entsprechenden Diagnosen scheitern viele Burnout-Behandlungen und die Erkrankungsrate nimmt weiter zu. Längst brennen immer mehr junge Menschen aus, nicht selten finden Betroffene nicht wieder zurück in den beruflichen Alltag und manchmal auch nicht zurück ins Leben. Meiner Erfahrung nach muss dies nicht sein. Jeder von uns hat die Chance, seinen Möglichkeiten entsprechend gesund und leistungsfähig zu sein oder es im Falle eines Burnouts auch wieder zu werden. Niemand muss ausbrennen, wenn er entscheidende Punkte beachtet. Die Grundlage dafür ist jedoch, die tatsächliche Ursache für ein Burnout zu kennen und das, was offensichtlich ist, ernst zu nehmen.

Denn wie wollen wir dieses Problem lösen, wenn wir es lächerlich machen oder als nicht existent klassifizieren – anstatt es zu verstehen und ihm auf den Grund zu gehen?

Ich werde in diesem Buch zeigen, dass Burnout ein ernst zu nehmender Ausdruck unserer heutigen Zeit ist und dass die bisher angenommenen Ursachen lediglich Symptome sind.

Ich werde versuchen zu erklären, wo die wahre Ursache verborgen liegt, und Ihnen die entscheidenden Schritte auf dem Weg in ein Burnout – aber auch aus dem Burnout heraus – aufzeigen. Burnout ist kein Schicksal und es entsteht nicht über Nacht. Niemand muss ausbrennen, nur weil er Leistung erbringen will. Burnout ist heilbar.

Dieses Buch ist aus meiner jahrelangen Behandlungserfahrung mit Menschen, die ausgebrannt waren, entstanden. Es basiert auf der Erkenntnis, dass gesundheitlich relevante Phänomene auch unabhängig von Klassifikationen und Systemen existieren und dass eine Problemlösung und Heilung nur dann stattfinden kann, wenn wir das, was ist, ohne moralische Bewertung ernst nehmen und ihm auf den Grund gehen. Die Inhalte basieren auf der in der Praxis gewonnenen Überzeugung, dass Burnout kein Ausdruck von Schwäche ist, sondern vielmehr ein gesunder Selbstregulierungsversuch. Ein gesunder Selbstregulierungsversuch von Menschen, die den Dialog mit sich selbst und mit ihrer Umwelt verloren haben und die ein Leben leben, das ihrem eigenen Wesen widerspricht.

Burnout ist meiner Erfahrung nach weit mehr als nur ein Ausdruck von Überforderung. Burnout ist eine Aufforderung. Es ist die Aufforderung zu leben, anstatt zu funktionieren. Die Aufforderung zur Authentizität und zu einem wesensgemäßen Leben.

Hamburg, im Dezember 2019

Ist Stress Symptom oder Ursache eines Burnouts?

Die meisten Menschen sind der Ansicht, dass Burnout durch zu viel Stress entsteht. Gibt man sich als Betroffener zu erkennen, so kommt automatisch die Frage »Hast du zu viel Stress gehabt?«.

»Sie wollen Burnout verhindern? Vermeiden Sie Stress«, lautet die Empfehlung vieler Ratgeber. Stress und Burnout als Prinzip von Ursache und Wirkung werden wie selbstverständlich in einem Atemzug genannt.

Doch ist das tatsächlich so? Ist Stress wirklich der einzige Auslöser, der zu einem Burnout führt, oder steckt hinter diesem Auslöser noch ein weiterer? Wie kommt es überhaupt zu Stress? Was verbirgt sich hinter diesem Begriff, den jeder von uns selbstverständlich verwendet und der als zentraler Punkt bei der Entstehung von Burnout gehandelt wird?

Was bedeutet für Sie Stress?

Wenn ich Sie fragen würde, was für Sie Stress bedeutet – was würden Sie mir darauf antworten? Und was würden Sie dazu sagen, warum Sie überhaupt unter Stress geraten?

Befragt man eine Reihe von Menschen, was sie persönlich unter Stress verstehen, so sind die Antworten vielfältig:

- »Unter Stress verstehe ich Arbeitsüberlastung, Zeitdruck, Termindruck, zu viele Aufgaben auf einmal, keine Pausen, Lärm, Streit et cetera.«
- »Stress ist, wenn mir alles zu viel wird und ich nicht mehr hinterherkomme.«
- »Ich bin im Stress, wenn ich meine Kinder in den Kindergarten bringen muss und eigentlich schon im Büro sein müsste.«
- »Mich stresst der Blick meines Chefs.«
- »Mich stresst, wenn ich abends nach Hause komme und nicht meine Ruhe haben kann, sondern meiner Frau Rede und Antwort stehen muss.«
- »Mich versetzt es in Stress, wenn ich im Stau stehe.«
- »Ich bin im Stress, wenn ich die Projektleitung habe und einige im Team meinen, das Leben sei ein Wunschkonzert.«
- »Ich gerate vor großen Kundenpräsentationen in Stress.«
- »Ich bin regelmäßig zweimal im Jahr während der heißen Phasen im Stress«, antwortete ein 42-jähriger Wirtschaftsprüfer, der sich nach der achten heißen Phase wegen eines Burnouts in Behandlung begeben musste.

Unter dem Begriff »Stress« wird allgemein ein subjektiver Zustand verstanden, in dem der Betroffene sich einer für ihn unangenehmen Situation oder Umständen ausgesetzt fühlt, die er weder vermeiden noch in seinem Sinne beeinflussen kann. Entweder fehlen ihm für die Bewältigung die Kompetenzen oder ihm stehen nicht ausreichend Ressourcen zur Verfügung.

Stress muss vom Individuum jedoch nicht zwangsläufig als negativ erlebt werden. Hans Selye, der die Anfänge der Stressforschung maßgeblich mitbestimmt hat, unterschied zwischen positivem und negativem Stress und prägte dafür die Begriffe »Eu-« und »Disstress«. Die Vorsilben »eu« und »dys« beziehungsweise »dis« kommen aus dem Griechischen und bedeuten »gut« beziehungsweise »schlecht«. Positiver, »guter« Stress wird beschrieben als ein angeregter Zustand, wie er etwa in Verliebtheitsphasen vorkommt; doch was im Allgemeinen unter »Stress« verstanden wird, ist negativer, »schlechter« Stress. Dieser ist Ausdruck einer als unangenehm empfundenen Belastung, die sowohl durch Überforderung als auch durch Unterforderung einer Person entstehen kann.

Wenn in den folgenden Ausführungen der Begriff »Stress« verwendet wird, so ist hier grundsätzlich der negative Stress gemeint.

Wie entsteht Stress?

Ein zentrales Kriterium für Stress ist, dass es sich hierbei *immer um einen subjektiven Zustand* handelt, der maßgeblich vom Gefühl der Hilflosigkeit geprägt ist. Je unkontrollierbarer eine Situation für eine Person erscheint, je hilfloser sie sich fühlt, desto stärker ist das Gefühl von Stress. Die subjektive Bewertung spielt hierbei die entscheidende Rolle. Angelehnt an Sätze wie »Die Welt ist das, was wir in Gedanken aus ihr machen« oder »Mit unseren Gedanken erschaffen wir die Welt« (Buddha) kategorisieren wir die jeweiligen Situationen als Stress – oder nicht. Dabei löst erst das Gefühl von unzureichenden Ressourcen und das damit verbundene Gefühl der Hilflosigkeit eine entsprechende Stressreaktion aus

(Richard Lazarus). Stress entsteht also nicht allein durch die Situation an sich, sondern durch das, was *wir* aus der Situation machen. Erst wenn wir das Gefühl haben, einer Situation nicht gewachsen zu sein, geraten wir unter Stress.

Doch wie gelangen wir überhaupt zur Bewertung einer Situation? Warum wähnen wir uns bestimmten Situationen gewachsen und anderen nicht? Warum geben wir in einigen Situationen innerlich auf und ziehen uns zurück, während wir in anderen entschieden das vertreten, was wir denken und wollen? Diese Fragen werden an späterer Stelle des Buches aufgegriffen und in ihrer Bedeutung für die Entstehung und Behandlung von Burnout ausführlich diskutiert.

Stress tritt dann auf, wenn es nicht so läuft, wie ich es will. Das heißt nicht, dass immer dann, wenn es nicht so läuft, wie ich es will, Stress auftritt; aber immer, wenn ich unter Stress gerate, dann läuft es nicht so, wie ich es will.

Lassen Sie uns jedoch zunächst auf den Begriff »Stress« und auf seine entscheidenden Faktoren zurückkommen.

Wie könnte man daraus nun eine auf den Alltag anwendbare, leicht verständliche und allgemeingültige Definition bilden – eine Beschreibung, die dazu verhilft, Stress in alltäglichen Situationen leichter zu erkennen und zu verstehen?

Mit diesem Ziel bin ich im Laufe meiner ärztlichen und psychotherapeutischen Tätigkeit zu folgender Definition gekommen: Stress tritt dann auf, wenn es nicht so läuft, wie ich es will. Das heißt nicht, dass immer dann, wenn es nicht so läuft, wie ich es will, Stress auftritt; aber immer, wenn ich unter Stress gerate, dann läuft es nicht so, wie ich es will.

Wenn Sie mögen, überlegen Sie doch einmal, wann und in welchen Situationen Sie unter Stress standen – würden Sie mit dieser Definition übereinstimmen?

Wo tritt Ihrer Meinung nach der meiste Stress auf?

Stellt man Menschen diese Frage, so erhält man zunächst höchst unterschiedliche Antworten. Stress scheint überall und nirgends auftreten zu können. Je nach Antwort und Person findet Stress zwischen Kollegen statt oder mit dem Ehepartner oder mit dem Chef, mit den Kindern oder dann, wenn neue Anforderungen gestellt werden. Stress kann aber auch im Stau oder auf dem Bahnhof auftreten – die Möglichkeiten scheinen endlos und vielfältig. Betrachtet man die einzelnen Aussagen jedoch genauer, so erkennt man, dass die vielfältigen Situationen auf eine Gemeinsamkeit zurückzuführen sind: Der meiste Stress tritt in Beziehungen auf – in der Beziehung zu sich selbst oder in der Beziehung zur Umwelt. Ob im Straßenverkehr, im Supermarkt, am Arbeitsplatz, in der Familie, in der Partnerschaft oder mit sich selbst – der Mensch befindet sich fortwährend in (sozialen) Beziehungen.

Als soziales Wesen bewegt er sich permanent in einem Spannungsfeld zwischen inneren Bedürfnissen und äußeren Anforderungen, zwischen Individualität und Prägung, dem Wunsch nach Zugehörigkeit und der Angst vor Ablehnung, und er befindet sich dementsprechend in einem Zustand von Zufriedenheit, Entspannung, Anspannung oder Frustration. Leben ist Beziehung. Dieser fundamentalen Tatsache zollen die zahllosen Empfehlungen, Ratgeber und Behandlungsmethoden für Burnout-Patienten jedoch wenig Aufmerksamkeit. So wird die Ursache einer Burnout-Erkrankung nach wie vor hauptsächlich in dem Fakt der Überlastung und einer ausgeprägten Erschöpfung gesehen. Doch warum es überhaupt zu einer Überlastung kommt, warum ein Mensch jahrelang über seine Grenzen gelebt hat und worüber sich immer mehr Menschen eigentlich erschöpfen – diese Fragen werden vermieden. Stattdessen wird ein Symptom für die Ursache gehalten, die Lösung häufig allein in rationalen Erkenntnissen und in technischen Verhaltensänderungen gesehen und dadurch eine schnelle Heilung erhofft – meist vergeblich.

Wer glaubt, eine Burnout-Erkrankung mit Technik, Tools und allein durch seinen reinen Willen heilen zu können, der täuscht sich. Burnout ist kein Ausdruck von schwacher Willenskraft.

Burnout entsteht nicht im Verstand und kann auch nicht allein über den Verstand gelöst werden. Im Gegenteil: Viele Betroffenen wissen sogar theoretisch, wie sie sich im Sinne der eigenen Gesundheit verhalten müssten – die Intelligenz ist bei Burnout-Patienten meist das geringste Problem –, sie verkennen jedoch, dass notwendige Veränderungen nicht über eine rein rationale, vom Gefühl isolierte Erkenntnis zu erreichen sind.

Wer glaubt, eine Burnout-Erkrankung mit Technik, Tools und allein durch seinen reinen Willen heilen zu können, der täuscht sich.

Auf der emotionalen Ebene blockiert, bleibt das Wissen Theorie, und die praktische Umsetzung gelingt nicht. Dass viele Burnout-Behandlungen genau daran scheitern, dass sie nicht über die rationale Ebene hinausgehen, und welche grundsätzlichen Konsequenzen dies nach sich zieht, darauf wird im zweiten Teil des Buches eingegangen.

Welche Ursachen hat Überlastung?

Dass Menschen, die ausgebrannt sind, überlastet sind, ist unbestritten. Doch was liegt hinter diesem Symptom? Was ist der Auslöser für Burnout? Wo liegt die Ursache für dieses Phänomen, das trotz zahlloser Behandlungsangebote immer häufiger auftritt und längst zu einem gesellschaftlichen Problem geworden ist?

Während meiner Tätigkeit, ob in der Klinik oder in der Praxis, waren es weder Alltags- noch Arbeitsüberlastungen, die bei den Patienten ursächlich zu einem Burnout geführt hatten. Es waren vielmehr negative oder fehlende positive Beziehungen zum Umfeld sowie die fehlende Beziehung zu sich selbst, welche die Betroffenen hatten ausbrennen lassen. All diejenigen, die an einem Burnout erkrankt und bei mir stationär, teilstationär oder ambulant in Behandlung waren, befanden sich in konfliktreichen und spannungsgeladenen Beziehungen und/oder verfügten entweder über keine sozialen Kontakte mehr oder nur noch über oberflächliche. Die wenigsten befanden sich noch in einer gesunden Partnerschaft und niemand, der mit einem Burnout in die Behandlung kam, stand noch in guter Beziehung zu sich selbst.

Leben ist gelingende Beziehung. Gelingt Beziehung, gelingt unser Leben.

Wie wichtig der Beziehungsaspekt bei der Burnout-Entstehung ist, beginnen mittlerweile auch wissenschaftliche Studien zu erforschen. Dort wird zum Beispiel der reinen Arbeitsüberlastung nur noch eine Nebenrolle in der Krankheitsentstehung und im Krankheitsgeschehen zugeschrieben.

Leben ist gelingende Beziehung. Gelingt Beziehung, gelingt unser Leben. Auch wenn unser Leben von ständiger Beziehung geprägt ist, jeder von uns fühlt, wie wichtig es ist, zumindest eine gute Beziehung zu haben, so können doch die meisten von uns gar nicht so genau benennen, was eigentlich Beziehung ausmacht. Was heißt Beziehung? Was ist die Grundlage für eine gute Beziehung? Was heißt es überhaupt, mit sich selbst in Beziehung zu sein? Ab wann ist eine Beziehung schlecht – und wie kann dadurch ein Burnout entstehen?

Das Kennzeichen einer guten Beziehung ist der Dialog

Befinden wir uns im Dialog, befinden wir uns im Austausch. Es besteht ein Gleichgewicht zwischen Nehmen und Geben (das heißt, ich gebe so viel, wie ich bekomme) – und es besteht ein Gleichgewicht zwischen Ich, Du und Wir. Merkmal des Dialogs ist, dass wir die Situation anders verlassen, als wie wir sie begonnen haben. Sei es mit einem neuen Gedanken, einer neuen Idee oder einer neuen Einstellung. Dialog lässt Neues entstehen. Dialog bedeutet Wachstum.

Damit Ich und Du im Gleichgewicht bleiben, damit Austausch und Wachstum möglich sind, müssen einige Grundvoraussetzungen erfüllt sein: Interesse, Offenheit, Augenhöhe, Empathie, Respekt beziehungsweise Wertschätzung. Diese fünf Voraussetzungen müssen von beiden Parteien eingebracht werden – fehlt eine dieser Voraussetzungen, dann kann kein Dialog stattfinden.

Die meisten von uns verstehen den Dialog als eine verbale Kommunikationsform – in meiner Definition ist er weit mehr als das: Er beschreibt eine Haltung sich selbst, der Umwelt und dem Leben gegenüber.

Eine entscheidende Grundlage eines jeden Dialogs ist die Begegnung mit dem anderen auf Augenhöhe – unabhängig von seinem Alter, seinem Geschlecht, seinem Besitz, seiner Position oder seiner Religion. Obwohl dies auf den ersten Blick einfach erscheint, wird es im Alltag nur selten umgesetzt. Schauen Sie einmal auf sich und Ihre Beziehungen und überlegen Sie, ob Sie in diesem Sinne Ihren Alltag gestalten. Was meinen Sie, wie häufig Sie im Dialog sind und wie oft Sie oder Ihr Gegenüber lediglich monologisieren?

Eine entscheidende Grundlage eines jeden Dialogs ist die Begegnung mit dem anderen auf Augenhöhe – unabhängig von seinem Alter, seinem Geschlecht, seinem Besitz, seiner Position oder seiner Religion.

Der Dialog: Verschiedene Standpunkte werden auf Augenhöhe ausgetauscht

Vergessen Sie bei Ihrer Überlegung nicht, dass die Quantität an gemeinsam verbrachter Zeit kein Maßstab für einen Dialog ist. Sie können stundenlang zusammensitzen, ohne jemals im Dialog gewesen zu sein.

Gerade im beruflichen Bereich sind die persönlichen und wirtschaftlichen Reibungsverluste bemerkenswert hoch, die durch das alltägliche Miteinander-Monologisieren entstehen.

Ob in Form von Telefonkonferenzen oder Teamsitzungen, oft sind es stundenlange, häufig mehrmals in der Woche stattfindende Besprechungen, in denen einer beziehungsweise viele vor sich hin monologisieren. Das bestmögliche Resultat am Ende dieser Veranstaltungen ist dann häufig: »Schön, dass wir darüber mal gesprochen haben« – und alles bleibt, wie es ist. Obwohl fast alle Beteiligten sich dessen bewusst sind und diesen Zustand mehr oder weniger offen beklagen, ist eine Änderung meist nicht in Sicht: »Irgendwie kriegen wir es nicht hin, gemeinsam auf den Punkt zu kommen«, »Jeder will seinen Senf dazugeben«, »Wenn Herr Schmidt redet, dann redet Herr Schmidt und sonst lange Zeit niemand«, »Wenn die Führungskräfte nicht mit uns reden, warum sollen wir dann mit ihnen reden?« – das sind einige der typischen Aussagen zum innerbetrieblichen »Miteinander«. Dabei weiß jeder: Teams können nur dann erfolgreich sein, wenn sie sich im Dialog befinden – sowohl untereinander als auch mit ihrer Führungskraft.

Das Gleiche gilt für Präsentationen, Vorträge oder Kundenmeetings. Ein erfolgreiches Ergebnis steht und fällt mit der Dialogfähigkeit der Beteiligten. Warum es in vielen der obersten Führungsetagen noch immer nicht zum Selbstverständnis gehört, sich auf Augenhöhe auszutauschen, offen für das Gegenüber zu sein und nicht übereinander, sondern miteinander zu sprechen, warum diese Kommunikationskompetenz von Führungskräften bestenfalls auf dem Papier, in der Realität zumeist aber nicht von Beginn an als Grundvoraussetzung eingefordert wird, diese Fragen bleiben mit wachsender Brisanz offen.

Gerade jene mit dem größten Redeanteil oder der größten Verantwortung sollten über die Fähigkeit verfügen, nicht nur *zum* Gegenüber, sondern auch *mit* ihm zu sprechen, grundsätzlich und im Besonderen, wenn dieses sich in der Zuhörerposition oder der geführten Position befindet. Dies macht sowohl die Kunst eines erfolgreichen Vortrags aus als auch erfolgreiches Leadership.

Leider ist die Fähigkeit zum Dialog nicht immer anzutreffen. Blickt man auf die Reibungsverluste, die Tag für Tag durch Kommunikationsstörungen entstehen, so wird deutlich: Unternehmen kranken an ihrer Kommunikationskultur und verbrennen dadurch nicht nur ihre Mitarbeiter, sondern auch ihr eigenes System.

Die Fähigkeit zum Dialog ist jedoch nicht nur für erfolgreiche Führung und für gesunde und zufriedene Mitarbeiter Voraussetzung, sondern auch für das langfristige Gelingen einer Partnerschaft. Jeder weiß: Die Herausforderung für die Partnerschaft ist der Alltag. Sich im Alltagsgeschehen nicht zu verlieren, sodass aus einem ursprünglichen Miteinander ein einsames Nebeneinander wird – dies kann Ihnen nur gelingen, wenn Sie im Dialog bleiben.

Die meisten Partnerschaften scheitern an der Unfähigkeit zum Dialog und brennen darüber aus. Obwohl sich jeder ein erfülltes Wir wünscht, bemerken die wenigsten das alltägliche Monologisieren rechtzeitig, und viele stellen erst am Ende resigniert fest, dass man sich nichts mehr zu sagen zu hat – es gibt keine Begegnung mehr. Dass dies jedoch nicht über Nacht geschieht, sondern dass es sich hier um eine Entwicklung handelt, die zumeist über Jahre stattfindet, wird leider häufig erst dann registriert, wenn es schon zu spät ist. Dabei erfordert im Dialog zu sein nicht grundsätzlich ein hohes Maß an Zeitaufwand.

Unternehmen kranken an ihrer Kommunikationskultur und verbrennen dadurch nicht nur ihre Mitarbeiter, sondern auch ihr eigenes System.

Ob beruflich oder privat – Dialog bedeutet nicht, stundenlang miteinander zu reden. Dialog setzt nicht Zeit, sondern *Beziehungsfähigkeit* voraus. Es reichen oft schon wenige Worte oder Sätze und manchmal auch nur eine Geste aus, um sich zu begegnen, um im Dialog zu sein und im Dialog zu bleiben: ein kleiner Gruß auf einem Notizzettel, einer kleinen Karte, das Teilen einer Situation mit der Frage »Was denkst du darüber?«, das gelebte Interesse daran, wer du in deinem Wesen, in deiner Position bist, und dies verbunden mit der Bereitschaft, den anderen in Offenheit und auf gleicher Augenhöhe willkommen zu heißen und daraus ein Wir gestalten zu wollen. Können Sie sich vorstellen, was diese Qualität eines solchen alltäglichen Miteinanders für die Bewältigung des beruflichen und des privaten Alltags bedeutet?

Auf der Suche nach Techniken des Dialogs

»Es kann doch auch sein, dass man meint, dass man im Dialog ist, und dann merkt man, dass man sich getäuscht hat«, sagte ein Partner einer Wirtschaftsprüfungsgesellschaft. »Es muss doch eine Benchmark dafür geben, dass man im Dialog ist!«

»Es muss doch eine Technik geben, mit der man in den Dialog kommt und anhand derer man merkt, dass man sich im Dialog befindet!«

»Können Sie uns nicht ein paar Übungen zeigen?«

Dies sind einige der Fragen und Forderungen, die bei meinen Vorträgen und in meinen Workshops gestellt wurden. *Es muss doch eine Technik für den Dialog geben* ... Muss es das? Kann es das? Kann man durch Technik Beziehung lernen? Ist es möglich, durch Technik das Wesen Mensch zu erfassen?

Im Dialog zu sein, scheint offensichtlich nicht leicht zu sein. Doch warum ist es eigentlich so schwer? Warum ist es so schwer, im Dialog zu sein? Was geschieht, wenn es nicht gelingt – und was für eine Rolle spielt der Dialog bei der Entstehung eines Burnouts? Um all diese Fragen zu beantworten, möchte ich Ihnen im Folgenden nun ein Modell vorstellen, das ich im Laufe meiner Arbeit mit Burnout-Patienten entwickelt habe. Dieses Modell beschreibt die Entstehung eines Burnouts in vier Phasen.

Es nimmt vor dem oben vorgestellten Hintergrund die zwischenmenschliche Beziehung als Basis für Gesundheit und Krankheit. Dabei ist der Dialog Ausdruck und Voraussetzung von Gesundheit, während der Konflikt Ursache für frühe oder späte

Krankheit ist. Anhand dieses Zusammenhangs verdeutlicht das Modell, dass niemand über Nacht ausbrennt, sondern dass jedem Burnout eine Entwicklung vorausgeht: die Entwicklung eines Konflikts.

Mit dem Ziel der Prävention erklärt das Modell die vier Stufen zum Burnout und zeigt präzise, welche Symptome in welcher Phase auf den vier entscheidenden Ebenen des Menschen auftreten: Es beschreibt die Symptome auf der gedanklichen Ebene, auf der Körperebene, auf der Ebene der Gefühle und auf der Verhaltensebene. Dies ermöglicht es Ihnen als Leser, sich selbst einzustufen und mit diesem Wissen in Zukunft rechtzeitig im Sinne der eigenen Gesundheit zu handeln. Gleichzeitig soll es Ihnen dabei helfen, Ihre Wahrnehmung für Ihr Umfeld zu sensibilisieren, Betroffene zu erkennen und einen angemessenen Umgang mit ihnen zu finden.

Die Beschreibung der Burnout-Erkrankung nach dem Vier-Phasen-Modell

Die Alarmphase

Lassen Sie mich das Modell an einem Beispiel erläutern. Bei diesem Beispiel handelt es sich um eine einfache Situation, die im Folgenden stellvertretend für die unzähligen Situationen des menschlichen Alltags stehen soll, in denen unterschiedliche Bedürfnisse, Ansichten, Vorstellungen oder Erwartungen aufeinandertreffen, die, anstatt im Dialog gelöst zu werden, zu einem Konflikt führen, über den am Ende mindestens einer der Beteiligten und nicht selten auch das ganze System ausbrennt.

Der Weg zum Burnout ist immer ein individueller, der damit verbundene Konflikt komplex. Deshalb kann es individuelle Abweichungen von der vereinfachten Darstellung geben. Wie diese aussehen können, darauf wird im Anschluss an das Beispiel ausführlich eingegangen. Zunächst sei jedoch erst einmal das Hauptaugenmerk darauf gerichtet, ein grundsätzliches Verständnis dafür zu entwickeln, wie Burnout entstehen kann.

In meinem Beispiel handelt es sich um Herrn Meier und Frau Müller, die miteinander diskutieren, ob sie ins Kino gehen oder Eis essen sollen. Herr Meier (Position A) will ins Kino, Frau Müller (Position B) will Eis essen. Beiden ist die jeweils eigene Position sehr wichtig. Wenn Sie mögen, können Sie sich parallel zu diesem Beispiel ein eigenes vorstellen: eine Situation, in der Sie eine für Sie sehr wichtige, aber andere Vorstellung als Ihr Gegenüber hatten, über die ein Dialog *nicht möglich* war. Es kann eine Situation am Arbeitsplatz oder im privaten Umfeld sein, zum Beispiel mit Ihrem Chef oder Ihrem Kollegen, einem Freund oder Bekannten oder mit Ihrem Partner beziehungsweise Ihrer Partnerin. Nehmen Sie gerne auch eine andere für Sie bedeutsame Situation als Beispiel und lassen Sie uns dann zurück zu Herrn Meier und Frau Müller gehen.

Nachdem beide ihre jeweilige Position hervorgebracht haben und feststellen, dass ein Dialog nicht möglich ist, beginnen sie, die Situation zu bewerten und einzuschätzen:

Wie wichtig ist mir meine Position? Wie ernst ist der andere zu nehmen? Inwieweit kann ich ihn von dem, was ich will, überzeugen? Sobald beide für sich entschieden haben, die eigene Position nicht aufzugeben, und gleichzeitig erkennen, dass der andere ebenfalls weder offen noch bereit ist, seinen Standpunkt zu verlassen, beginnt die erste Phase – die sogenannte Alarmphase. Die-

Erste Bewertung der Situation in der Alarmphase: Das Gegenüber wird als (existenziell) bedrohlich wahrgenommen

se ist dadurch gekennzeichnet, dass kein offener Austausch mehr stattfindet, sondern eine gegenseitige Positionierung:

Kino! (Position A) versus Eis essen! (Position B).

Die Alarmphase wird folgendermaßen charakterisiert: Auf der Körperebene beginnt das Herz zu rasen, der Herzschlag wird zum Teil unregelmäßig, der Puls flach und schnell. Häufig sind inneres Zittern, eine flache Atmung bis hin zu Luftnot, Schwitzen, kalten, feuchten Händen sowie Harn- und Stuhldrang zu beobachten. Viele Betroffene beschreiben auch einen Kloß im Hals, verbunden damit, dass es ihnen die Sprache verschlägt.

Die Symptome in der Alarmphase sind die klassischen ersten Stresssymptome. Je nach Konstitution und individueller Wahrnehmung des Betroffenen können sie mehr oder weniger ausgeprägt auftreten. Auf der Ebene der Gedanken beginnt das fieberhafte Suchen nach Lösungsmöglichkeiten. Man stellt sich folgende Fragen: Was kann ich tun, um die Situation zu lösen? Wie kann ich die Bedrohung abwenden?

Die Symptome in der Alarmphase sind die klassischen ersten Stresssymptome.

Auf der Ebene der Gefühle beschreiben die Betroffenen zunächst ein Unwohlsein, Nervosität, Unsicherheit, Angst sowie eine innere Unruhe und Anspannung, die sich, je länger der Konflikt andauert, zum Teil bis zum Gefühl von Panik steigern kann. In dieser Phase wird häufig der Grundstein für eine spätere Panikstörung gelegt. Diese beginnt überwiegend in Phase 3 aufzutreten, der Phase der Erschöpfung, oder aber dann, wenn sich der Betroffene zu lange in der Alarmphase befindet.

An dieser Stelle sei nur erwähnt, dass das Burnout-Syndrom sehr häufig mit einer Panikerkrankung einhergeht, die lange Zeit von den Betroffenen nicht als solche erkannt wird (weitere Erläuterungen finden Sie im Kapitel »Burnout und Angst«).

Auf der Verhaltensebene konzentriert sich die gesamte Aufmerksamkeit auf das Gegenüber.

Die Widerstandsphase

Jeder, der sich in einer Auseinandersetzung befunden hat, weiß, dass in einer Situation, in der weder Dialog noch Einigung möglich sind, irgendwann der Moment kommt, wo alles gesagt ist und sich beide Standpunkte unvereinbar gegenüberstehen. Nun werden die Karten neu gemischt. Während der eine den längeren Atem besitzt, seine Position weiterhin äußert und durchsetzen will, fängt der andere an, sich zurückzuziehen. Bevor er dies jedoch tut, beginnt er zunächst, die Situation erneut für sich einzuschätzen und zu bewerten. Es setzt die sogenannte zweite Bewertung der Situation ein. In diesem Fall ist es Frau Müller, die nun überlegt, ob sie über Möglichkeiten verfügt, die Situation in ihrem Sinne zu lösen oder sie zu beenden und zu verlassen.

Wenn sie jedoch zu dem Entschluss kommt, dass ihr aus welchem Grund auch immer (siehe das Kapitel »Die Macht der inneren Realitäten«) die Kompetenzen fehlen, sich durchzusetzen, sie die Situation aber auch nicht verlassen kann, zum Beispiel, weil sie sich von Herrn Meier nicht trennen will oder weil sie auf Herrn Meier angewiesen ist, entscheidet sie sich im selben Moment für die für sie einzige Option, um nicht ganz unterzugehen: Sie geht in den Widerstand. Sie äußert nun nicht mehr das, was sie will, nämlich Eis essen, sondern nur noch, dass sie das, was Herr Meier will, nämlich ins Kino gehen, *nicht will*. Nun geht es nicht mehr darum, ihre Position durchzusetzen, sondern ihre ganze Energie

Zweite Bewertung der Situation in der Widerstandsphase: Es gibt keine Möglichkeiten der Auflösung; es fehlen Kompetenzen zur Situationsbewältigung, ein Verlassen der Situation ist ebenfalls nicht möglich

konzentriert sich darauf, sich gegen die Position von Herrn Meier zu verteidigen. Frau Müller beginnt gegenzuhalten.

Die Widerstandsphase ist *die* zentrale Phase auf dem Weg zum Burnout. Gegenhalten kostet extrem viel Kraft und irgendwann auch Reserven. Vielleicht erinnern Sie sich an Momente, als Sie im Widerstand waren – und welchen Preis Sie zahlen mussten. Je länger Sie gegen etwas ankämpfen, umso mehr Energie verlieren Sie.

Die körperlichen Symptome, die in der Alarmphase aufgetreten sind, verschieben sich nun zunehmend in einen tieferen Bereich. Der Stress wird hierbei von den Betroffenen in individuell verschiedener Form erlebt. Dies können Schmerzen wie Kopfschmerzen oder Magenschmerzen sowie Übelkeit oder ein Engegefühl in der Brust sein, Ohrenschmerzen oder Ohrgeräusche, Verspannungen, Rückenschmerzen, allergische Hautreaktionen und so weiter. Wie viele werden Sie die Erfahrung gemacht haben, dass Sie in Situationen der psychischen Anspannung oder der Belastung auch körperlich reagieren – jeder auf seine Art und Weise. Haben Sie sich schon einmal gefragt, wie diese Reaktionen zu erklären sind?

Wie funktioniert die Psychosomatik?

Ist Ihnen der Begriff »Psychosomatik« bekannt? Psychosomatik beschreibt die Wechselwirkungen zwischen Psyche (altgriechisch *psyché* = Seele) und Körper (*soma*) unter der Berücksichtigung sozialer Faktoren. Dass körperliche, psychische und soziale Prozesse in permanenter Beziehung zueinander stehen und sowohl bei Krankheit als auch bei Gesundheit zusammenwirken, all dies kommt in der Psychosomatik zum Ausdruck. Zwei Drittel der heutigen Krankschreibungen sind mittlerweile psychosomatisch bedingt.

Bereits im antiken Griechenland wurde das enge Zusammenspiel zwischen Leib und Seele erkannt. Der Arzt Hippokrates (etwa 460–377 vor Christus) beschrieb, dass das menschliche

Herz sich bei Freude oder Ärger erweitert oder eben zusammenzieht, und in den östlichen Kulturen ist die Psychosomatik Grundlage des menschlichen wie medizinischen Selbstverständnisses. Dennoch begegnen ihr viele Westeuropäer nach wie vor skeptisch. Noch immer wird der unmittelbare Zusammenhang zwischen Physis und Psyche weniger als ein messbares Faktum, sondern vielmehr als eine Idee der Esoterik verstanden. Wie unmittelbar psychisches Befinden auf den Körper wirkt, zeigt sich vor allem in Stresssituationen und ist für den Betroffenen nicht nur subjektiv spürbar, sondern durch unterschiedliche Parameter (Sympathikus- und Parasympathikustätigkeit, Hormone und so weiter) auch objektiv messbar.

Dass Seele und Körper jedoch nicht nur in Stresssituationen miteinander verbunden sind, sondern sich in einem permanenten Austausch befinden, und welchen Einfluss alleine die Gedanken auf den Körper haben können, dies möchte ich anhand des folgenden Beispiels verdeutlichen: Lehnen Sie sich einmal entspannt auf Ihrem Stuhl zurück und stellen Sie sich eine große gelbe Zitrone vor. Nachdem Sie sich die Zitrone eine Weile vorgestellt haben, nehmen Sie in Ihrer Vorstellung ein Messer und schneiden die Zitrone in zwei Hälften. Während Sie dies tun, sehen Sie, wie der Saft spritzt. Dann legen Sie das Messer zur Seite, nehmen eine Zitronenhälfte in die Hand und halten sich diese unter die Nase, sodass Sie sie riechen können. Führen Sie die Zitronenhälfte nun zu ihrem Mund und beißen Sie kräftig hinein. Was ist Ihnen aufgefallen? Höchstwahrscheinlich ist Ihnen das Wasser im Mund zusammengelaufen. Obwohl die Zitrone nur in Ihrer Vorstellung existiert, reagiert Ihr Körper prompt. Ihre Gedanken reichen aus, um körperliche Symptome zu produzieren.

Das Wissen darum, wie mächtig die gedankliche Vorstellungswelt für den Körper sein kann, wird in unterschiedlichen Meditations- und Entspannungstechniken genutzt.

Das Wissen darum, wie mächtig die gedankliche Vorstellungswelt für den Körper sein kann, wird in unterschiedlichen Meditations- und Entspannungstechniken genutzt. Das autogene Training bedient sich zum Beispiel dieser Fähigkeit, um über gedankliche Konzentration zu körperlicher Entspannung zu gelangen. Doch reichen die Gedanken auch aus, um Krankheitssymptome zu produzieren? Welche Rolle können Gedanken und Gefühle bei der Entstehung von Krankheiten spielen? Und welche Bedeutung hat dies für die Entstehung eines Burnouts?

Psychosomatik und Sprache

Ohne dass es uns bewusst ist, verwenden wir unsere Sprache häufig im psychosomatischen Sinne – vor allem in emotionalen Momenten. Wer kennt die folgenden Redewendungen nicht? »Ich kann es nicht mehr hören«, »Ich kann es nicht mehr ertragen«, »Mir kommt die Galle hoch«, »Es steht mir bis hier«, »Es zerbricht mir das Herz«, »Ich will nicht immer alles schlucken«, »sich gerade machen« und so weiter. Erinnern Sie sich an das Beispiel mit der Zitrone. Sie haben in Ihren Gedanken die Zitrone in den Mund genommen und Ihnen ist das Wasser im Mund zusammengelaufen. So, wie Sie sich die Zitrone in Ihrem Mund vorgestellt haben und Sie dort dementsprechend Reaktionen verspürten, so werden Sie auch in anderen Momenten erkennen, dass die Art des Denkens und Fühlens überwiegend ein zielgerichteter Prozess ist. Wenn Sie zum Beispiel denken: »Ich kann es nicht mehr hören«, dann denken Sie in diesem Moment sicherlich nicht an Ihren Rücken. Wenn Sie meinen: »Es zerbricht mir das Herz«, dann denken Sie wohl nicht an Ihr Ohr, und Sie denken auch nicht an Ihr Herz, wenn Ihnen »die Galle hochkommt«. In den seltensten Fällen entstehen Symptome über Nacht. Wenn Sie also zwischendurch etwas »nicht mehr hören können«, dann werden Sie – rein vom psychosomatischen Gesichtspunkt aus betrachtet – sicherlich nicht sofort unter Tinnitus oder Ähnlichem leiden. Versetzen Sie sich jedoch einmal in eine emotional angespannte Situation, in der Sie sich lange Zeit befinden und in der Sie immer wieder – vielleicht zunächst bewusst, später unbewusst – denken: »Ich kann es nicht mehr ertragen.«

Können Sie sich vorstellen, dass die Wahrscheinlichkeit groß ist, dass dadurch wachsende Rückenverspannungen mit allen anschließenden Folgeerkrankungen (Bandscheibenprobleme, Haltungsschäden) entstehen? In der Klinik sind mir viele Menschen begegnet, die sich nach aussichtslosen Konflikten »irgendwann nicht mehr gerade machen« konnten, denen »es im Nacken saß« oder die ihre häufig selbst aufgebürdeten Lasten nicht mehr tragen konnten und deren Bandscheibe darunter »zusammengebrochen« ist. Oder ich denke an eine Frau mit Schluckstörungen, die die Beleidigungen ihrer Vorgesetzten »nicht mehr schlucken« konnte.

Ich möchte an dieser Stelle jedoch auch betonen, dass diese häufig beobachteten psychosomatischen Zusammenhänge immer Bestandteil eines komplexen menschlichen Gefüges sind, in dem meiner Ansicht nach individuelle körperliche Schwachstellen, Veranlagungen, Umwelteinflüsse und Einflüsse, von denen wir zum jetzigen Zeitpunkt möglicherweise noch nichts ahnen, für die Entstehung von (Krankheits-)Symptomen ebenfalls eine Rolle spielen. Auch warne ich vor dogmatischen Rückschlüssen und grundsätzlichen Verallgemeinerungen, die da lauten können: »Weil ich das denke und fühle, werde ich zwangsläufig krank beziehungsweise bekomme deswegen diese und jene Körpersymptome.« So ist etwa der zwangsläufige Rückschluss von Gallenproblemen auf unterdrückte Wut weder zielführend noch dialogfördernd. Dass die Psyche jedoch einen unmittelbaren Einfluss auf den Körper hat und eine hohe, lang andauernde psychische Belastung zu jeweils individuellem körperlichen Krankheitsgeschehen führen kann, davon bin ich überzeugt und möchte an dieser Stelle mit dem Ziel der Bewusstwerdung und Vorbeugung darauf hinweisen.

Nun jedoch zurück zu Herrn Müller und Frau Meier. Wir befinden uns in der Phase des Widerstands, in der Frau Müller nicht mehr die eigene Position vertritt, sondern gegen Herrn Meier »gegenhält«. Während sich die Symptome der Alarmreaktion nun auf tiefere Bereiche verschieben und sich aufgrund der eben beschriebenen Zusammenhänge auf der Körperebene individuell äußern, sind die anderen Ebenen durch folgende Symptome gekennzeichnet: Auf der Ebene der Gedanken stehen in der Widerstandsphase individuell verschiedene Gedanken im Vordergrund, die vor allem auf Verteidigung ausgerichtet sind. Sei es der Gedanke »Mit mir nicht!«, »Das lass ich mir nicht gefallen«, »Jetzt erst recht!«, »Dem zeige ich es!«, »Da halte ich gegen« oder »Die wird schon sehen, was sie davon hat« – die Inhalte sind individuell verschieden, wenngleich stets mit dem gleichen Ziel: gegenzuhalten.

Zunächst erscheint es dem Betroffenen kaum möglich, an etwas anderes zu denken. Er kann gedanklich nicht von der Situation lassen und beginnt zu grübeln. Wieder und wieder spielt er die konfliktreiche Situation innerlich durch. Irgendwann jedoch werden die Gedanken zunehmend auf die Körpersymptome gerichtet. Dieser unbewusste Mechanismus ist vor folgendem Hintergrund verständlich: Jeder, der sich schon einmal in einem für ihn unlösbaren Konflikt befunden hat, weiß, wie unerträglich es ist, vergeblich zu grübeln und keinen Ausweg zu finden. Das Gefühl der Hilflosigkeit ist ein Gefühl, das maximalen Stress auslöst und für uns Menschen nur begrenzt auszuhalten ist. Mit dem Ziel, sich von der ausweglos erscheinenden Konfliktsituation und dem Gefühl der eigenen Hilflosigkeit abzulenken, beginnt der Betroffene, sich gedanklich auf etwas anderes zu konzentrieren.

Mit dem meist unbewussten Vorsatz »Ich denke an etwas anderes, um das, was ich nicht will, zu vergessen« gibt es individuelle Möglichkeiten der gedanklichen Ablenkung. Sehr häufig jedoch wird begonnen, die gedankliche Aufmerksamkeit auf die Körpersymptome zu richten und sich zu überlegen, was dagegen unternommen werden kann. Es ist geradezu willkommen und um einiges leichter, sich um seine Rückenverspannungen zu kümmern und deren Lösung bei einem Physiotherapeuten oder Orthopäden zu suchen, als sich weiterhin mit einer Situation auseinanderzusetzen, die unlösbar erscheint. Gleichzeitig hat man das Gefühl, sich um sich selbst zu kümmern, sich etwas Gutes zu tun, und die entlastende Vorstellung, dass die eigene Rettung durch jemand anderen geschieht.

Eine weitere Möglichkeit, sich von dem Konflikt und dem Gefühl der Hilflosigkeit gedanklich abzulenken, besteht darin anzufangen, sich die Situation schönzureden. Dies kann so weit gehen, dass ein Prozess stattfindet, den die Psychologie als die *Verkehrung ins Gegenteil* beschreibt. Hierbei werden verhasste Personen oder Situationen in den höchsten Tönen gelobt und zu dem erhoben, was man als das genau Richtige ansieht. Das extremste Beispiel wäre hier das Opfer, das sich in den Täter verliebt. Diese Form der Abwehr findet man vor allem bei Konflikten, die über einen langen Zeitraum schwelen und aus denen sich die Betroffenen nicht lösen können. Ich denke an eine Frau, die anfing, ihren Job plötzlich in jeder sich bietenden Situation als überaus erfüllend und Freude machend zu beschreiben, nachdem mehrere Versuche einer beruflichen Umorientierung gescheitert waren.

Diese Verkehrung ins Gegenteil geschieht unbewusst. Die Betroffenen spalten sich von ihrem eigentlichen Gefühl ab und sind auch tatsächlich der Meinung, dass alles gut ist.

Welche Konsequenzen dies jedoch hat, welche gesundheitlichen und persönlichen Reibungsverluste hierdurch entstehen, dies wird an späterer Stelle beschrieben.

Nachdem das Hauptgefühl der Alarmphase die Angst war, ist es in der Widerstandsphase der Ärger. Die Angst wandelt sich nun in Wut und Aggression um. Das Gefühl der Hilflosigkeit versucht man zunächst noch so gut wie möglich zu verdrängen. Es stachelt die Wut und die Aggression an, und die Betroffenen schildern, sich in dieser Phase wie ein Tiger im Käfig oder wie ein Hamster im Laufrad gefühlt zu haben. Doch irgendwann erschöpfen sich auch Wut und Ärger in Vergeblichkeit. Je bewusster nun auch auf der Gefühlsebene die Hilflosigkeit erlebt wird, desto stärker wird auch hier wie auf der gedanklichen Ebene versucht, die Situation nicht mehr wahrzunehmen. Die Betroffenen schalten ihre Gefühle ab, um nichts mehr zu fühlen. Auf der Ebene des Verhaltens findet zunächst ein Gegenankämpfen oder zumindest ein Gegenhalten statt – sei es in Form von stummer Verweigerung oder lautem Widerstand.

Nachdem das Hauptgefühl der Alarmphase die Angst war, ist es in der Widerstandsphase der Ärger.

Dies erschöpft sich jedoch ebenfalls irgendwann in Vergeblichkeit und der Betroffene reagiert auch hier mit Ablenkung. Klassische Symptome dafür sind, viel zu unternehmen, um bloß nicht zur Ruhe zu kommen, immer beschäftigt zu sein, um nicht an die eigentliche Belastung denken zu müssen – und/oder um sich zu beweisen und damit die eigene Hilflosigkeit zu widerlegen. Obwohl eigentlich schon hart an der eigenen Grenze, beginnen die Betroffenen in dieser Phase häufig, zusätzliche Aufgaben oder Verantwortlichkeiten zu übernehmen, und entwickeln zum Teil eine Arbeitswut, die bei genauerer Betrachtung natürlich noch einmal ganz anders zu verstehen ist.

»Ich war richtiggehend arbeitssüchtig«, beschrieb sich eine 43-jährige Managerin während der Behandlung. »Ich war nicht mehr zu stoppen. Ich habe die Nächte durchgearbeitet, bin zu meinem Chef gegangen und habe mir ein weiteres Projekt aufgeladen, obwohl ich die vorhandenen schon nicht wirklich bewältigen konnte. Aber es war mir egal. Ich wollte allen beweisen, dass ich es hinkriege.«

Die Phase des Widerstands ist nicht nur deswegen so gefährlich, weil Außenstehende meist nicht bemerken, was hinter diesen Reaktionen steckt – und sie häufig sogar in gegenteiliger Bewertung noch fördern –, sondern auch deshalb, weil sie die Phase der beginnenden Ablenkung ist und hier die Gefahr von Suchterkrankung als Kompensation wächst. Ob es vermehrter Tabak- oder Alkoholkonsum ist, um »runterzukommen«, vermehrter Tablettenkonsum, um »draufzubleiben«, übermäßiger Sport, um fit zu sein, wechselnde Affären, um bestätigt zu sein – die Sucht hat viele Gesichter. Gleich ist ihnen allen, von dem abzulenken, was ist.

Es ist dramatisch, zu welchen Mitteln die Betroffenen zum Teil greifen, um entweder überhaupt nicht mehr denken und fühlen zu müssen oder zumindest nicht mehr (an) das, was so unerträglich und gleichsam unauflöslich erscheint. Der Einstieg ist schnell und unbemerkt – sei es das Glas Wein am Abend, welches plötzlich zur Regel wird, um dann stetig durch größere Alkoholmengen ersetzt zu werden, oder die Schlafmittel, die irgendwann durch Aufputschmittel ergänzt werden.

Ein Manager, 45 Jahre alt, berichtete in dieser Phase von einem wachsenden Zwang, eine Mindestanzahl von Frauen am Wochenende »klarzumachen«, um sich von dem wachsenden Gefühl des Versagens zu befreien, während eine 50-jährige Geschäftsführerin Meetings beschrieb, die nur noch auf einer Wolke von Tavor, einem Mittel mit einer Wirkung ähnlich wie Valium, stattfinden konnten und in denen sie sich als jenseits von Gut und Böse bezeichnete. »Ich wollte nichts mehr mitbekommen«, berichtete die Frau, »und das Schlimme war, dass ich dann auch wirklich nichts mehr mitbekam – leider auch dort nicht, wo es dringend notwendig gewesen wäre.«

Die Bedeutung von Kompensation und Sucht für die Entstehung eines Burnouts wird im Kapitel »Burnout und Kompensation« eingehend beschrieben.

Die Erschöpfungsphase – Beginn des Burnouts

Jeder Widerstand findet irgendwann sein Ende und erschöpft sich in sich selbst, in der eigenen Ohnmacht und in der Dominanz des Gegenübers. Wenn Sie sich einmal an die Phasen in Ihrem Leben erinnern, in denen Sie sich im Widerstand befunden haben, werden Sie wissen, mit welch enormen Anstrengungen dies für Sie verbunden war. Gegen etwas zu sein oder dagegenzuhalten, kostet viel Kraft, am Ende deutlich mehr, als die eigene Position zu vertreten. Je nachdem, über wie viel Energie die jeweilige Person verfügt, variiert die Dauer der Zeitspanne, während der sich der Widerstand erfolgreich durchhalten lässt. Irgendwann jedoch bricht jeder Widerstand. Die nächste Phase beginnt.

Während die eine Person weiterhin ihre Position deutlich äußert und ihr Gegenüber nachhaltig davon zu überzeugen versucht, fällt es der anderen Person zunehmend schwerer dagegenzuhalten. Sie beginnt, sich zurückzuziehen. In unserem Beispiel ist es Frau Müller. Während Herr Meier nach wie vor mit allen Mitteln seine Position durchzusetzen versucht und das Nein von Frau Müller ignoriert, gelingt es dieser immer weniger, ihren Widerstand aufrechtzuerhalten. Ihr Nein wird schwächer und brüchiger. Sie gibt ihren Widerstand auf und gelangt in die Erschöpfung. In dieser Phase beginnt das eigentliche Burnout-Syndrom.

In der Erschöpfungsphase wird die Belastung als hoch, dauerhaft oder unausweichlich erlebt, sie wird weder durch Bewältigung noch durch Erholungszeiten gemildert oder ausgeglichen – und es kann weder eine Korrektur der Außenwelt noch ein Ausgleich der Innenwelt vorgenommen werden

Die Erschöpfungsphase ist dadurch gekennzeichnet, dass die Belastung als *hoch, dauerhaft* oder *unausweichlich* erlebt wird. Sie wird weder durch Bewältigung noch durch Erholungszeiten gemildert oder ausgeglichen. Es kann weder eine Korrektur der Außenwelt noch ein Ausgleich der Innenwelt vorgenommen werden. In dieser Phase sind folgende Symptome auf den verschiedenen Ebenen zu finden:

Auf der Körperebene beginnen die Symptome, chronisch zu werden. Kopfschmerzen werden zu Dauerkopfschmerzen, es kommt zu Migräne, es entsteht ein hoher Blutdruck, es entstehen ständige Magenschmerzen oder chronische Verspannungen. Die Betroffenen beschreiben in dieser Phase eine ausgeprägte Kraftlosigkeit, eine ständige Erschöpfung, berichten von einer erhöhten Infektanfälligkeit, Ein- und Durchschlafstörungen, Schlaflosigkeit trotz Müdigkeit. »In dieser Phase war ich einfach nur kaputt«, berichtete ein Betroffener. »Dinge, die mir früher wie nebenbei leicht von der Hand gingen, bedeuteten für mich immer mehr Anstrengung. Nachts kam ich nicht zur Ruhe. Meistens wachte ich um vier Uhr nachts auf, zum Teil mit Herzrasen, und war hellwach. Hellwach – und gleichzeitig total erschöpft.«

Auf der gedanklichen Ebene findet in der Phase der Erschöpfung hauptsächlich eine Beschäftigung mit den körperlichen und psychischen Symptomen statt. Die Betroffenen fragen sich ständig: »Warum geht es mir nur so schlecht?«, und beginnen, über ihre Körpersymptome zu grübeln. Oftmals wird kein Zusammenhang mehr zu der Stresssituation hergestellt, in der man sich ja nach wie vor befindet. Das in der Widerstandsphase begonnene Prinzip »Was nicht sein soll, existiert auch nicht« wird in dieser Phase perfektioniert. Die Wahrnehmung wird weiter abgeschaltet, der Konflikt weiter verdrängt und ausgeblendet.

Die Betroffenen beschreiben in dieser Phase einen leeren Kopf, zunehmende Vergesslichkeit, wachsende Konzentrationsstörungen, starkes Grübeln und ständig wiederkehrende Gedanken.

»Ich war kaum noch Herr meiner Gedanken«, berichtete ein Manager, »ich ertappte mich, wie ich mitten in den Besprechungen plötzlich den Gesprächen nicht mehr folgen konnte und nicht mehr wusste, wovon meine Kollegen sprachen.« – »Es gab eine Situation, in der ich während einer Präsentation plötzlich nicht mehr wusste, was ich sagen wollte. Der rote Faden war mit einem Mal weg«, erzählte eine andere Betroffene.

Grundsätzlich berichten die Menschen, aufgrund der ausgeprägten Konzentrationsstörungen für Arbeiten, die früher in kurzer Zeit erledigt werden konnten, zum Teil das Doppelte an Zeit zu benötigen. »Ich saß manchmal bis weit nach Mitternacht im Büro, weil ich meine ganze Arbeit vom Tag noch einmal kontrollieren musste. Ich konnte mich immer weniger auf mich selbst verlassen. Es war erschreckend, welche Flüchtigkeitsfehler ich in dieser Phase machte«, erklärte ein Senior Manager aus dem Bereich der Wirtschaftsprüfung, der im Alter von 45 Jahren an Burnout erkrankte.

Die Betroffenen beschreiben in dieser Phase einen leeren Kopf, zunehmende Vergesslichkeit, wachsende Konzentrationsstörungen, starkes Grübeln und ständig wiederkehrende Gedanken.

Auf der Ebene der Gefühle findet man in der Erschöpfungsphase zwei Möglichkeiten: Die Betroffenen reagieren individuell, ihrer Persönlichkeit entsprechend. Dies kann sich so äußern, dass einige vor Gefühl überlaufen, während andere erstarren und nichts mehr fühlen. Vor diesem Hintergrund sind Gefühle der Verzweiflung, Traurigkeit, häufiges Weinen, eine wachsende Trostlosigkeit und Hilflosigkeit anzutreffen. Die in der Widerstandsphase unterdrückte Angst kehrt zurück. Sie manifestiert sich häufig in einer ängstlichen und pessimistischen Grundstimmung, in der sich die Betroffenen gereizt und mutlos fühlen und beginnen, an sich selbst zu zweifeln. Sie kann sich aber auch in Form von Panikattacken äußern. Dabei steht das Gefühl im Vordergrund, sich aufzulösen, verrückt oder ohnmächtig zu werden oder einen Herzinfarkt zu bekommen. Das kann sich manchmal bis hin zu Todesangst steigern. Die oben beschriebenen Paniksymptome, die sich nicht selten auf der Körperebene als klassische Symptome eines Herzinfarkts zeigen, werden von den Betroffenen in den meisten Fällen in genau diese Richtung fehlgedeutet, was häufig zu zahllosen und vergeblichen Arztbesuchen führt.

Die Panik tritt oftmals bei Besprechungen und langen Konferenzen, in engen Räumen, großen Menschenansammlungen oder auch in Flugzeugen auf. Die Betroffenen werden von den oben beschriebenen Gefühlen übermannt und müssen häufig fluchtartig die jeweilige Situation verlassen. Schuldgefühle, Interesselosigkeit und Überforderungsgefühle selbst bei Verrichtung alltäglicher Dinge sind ebenfalls kennzeichnend für die Erschöpfungsphase. Die meisten beschreiben dabei folgendes Grundgefühl: »Mir wird alles zu viel, ich kann nicht mehr, ich bin nichts wert …«

Auf der Ebene des Verhaltens beginnen sich die Betroffenen sozial zurückzuziehen. Immer mehr Termine, die nicht zwingend notwendig sind, werden abgesagt, menschliche Kontakte werden allgemein als belastend erlebt. Hierbei sei erwähnt, dass Menschen mit Burnout überwiegend einen äußerst hohen Anspruch an sich selbst haben, der sich unter anderem darin äußert, in jeder Situation die Haltung zu bewahren und funktionieren zu müssen. Meistens ist es der Arbeitsplatz, der hierbei die oberste Priorität besitzt und an dem bis zum bitteren Ende die Haltung gewahrt wird, während alle anderen Lebensbereiche bereits »zusammengebrochen« sind.

Ich erinnere mich an einen 40-jährigen Mann, dessen Leben sich nur noch zwischen Büro und Wohnung abspielte. »Ich hatte abends nur noch Kraft, mich nach Hause zu schleppen. Dort saß ich zwischen Zigaretten und Alkohol und starrte ins Nichts, fiel irgendwann ins Bett und stand morgens irgendwie wieder auf«, berichtete er und fügte hinzu: »Alles andere erschien mir unnötig und zu anstrengend – ich wollte einfach nur meine Ruhe.« Die Süchte und der Suchtmittelmissbrauch nehmen in dieser Phase weiter zu. Aus dem Glas Wein am Abend ist mittlerweile eine Flasche geworden, aus einer Packung Zigaretten zwei, die Schlafmittel werden durch Aufputschmittel ergänzt.

Doch auch die Erschöpfungsphase ist begrenzt. Ihre Dauer hängt von den individuellen Kraftreserven ab, doch irgendwann endet sie. Für unser Beispiel würde das Folgendes bedeuten: Zunehmend erschöpft hat Frau Müller dem Druck von Herrn Meier immer weniger entgegenzusetzen. Sie kann Herrn Meier nicht mehr standhalten. Sie kann oder will die Situation aber auch nicht verlassen. Als einzige Bewältigungsmöglichkeit erscheint ihr nun der vollkommene innere Rückzug. Die letzte Phase beginnt.

Der Rückzug

In dieser Phase ist das Burnout-Syndrom voll ausgeprägt. Auf der Körperebene nehmen Kraftlosigkeit und Erschöpfung weiter zu. Betroffene, die sich in dieser Phase befinden, berichteten: »Es war, als hätte man mir den Stecker gezogen, nichts ging mehr.« Die Körpersymptome sind mittlerweile chronisch. Häufig sind sie so stark, dass sie den Alltag bestimmen und nicht selten eine Alltagsbewältigung massiv beeinträchtigen.

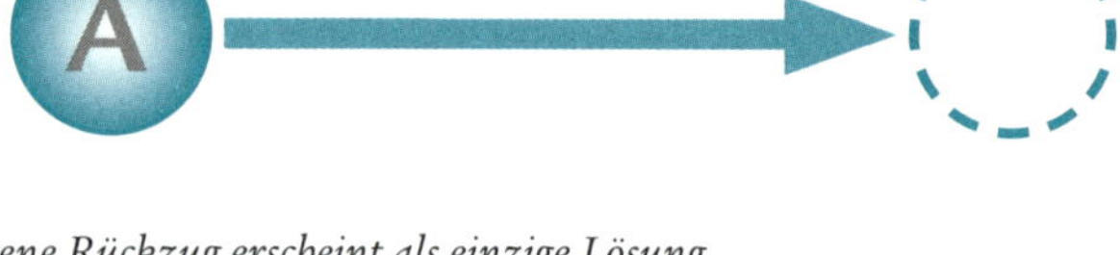

Der eigene Rückzug erscheint als einzige Lösung

Die Gedanken kreisen in der Phase des Rückzugs hauptsächlich um die eigene Person. »Ich will nur noch meine Ruhe haben«, »Mir wird alles zu viel«, »Ich kann nicht mehr«, »Ich will alleine sein«, »Die anderen verstehen mich sowieso nicht« oder »Ich gehöre nicht mehr wirklich dazu – habe aber auch kein wirkliches Interesse dazuzugehören« sind einige der Gedankengänge, welche die Betroffenen in dieser Phase beschreiben.

Auf der Ebene der Gefühle ist häufig ein ausgeprägter Selbsthass zu finden. Dieser Selbsthass entsteht durch folgenden Prozess: Ursprüngliche Wut und Ärger auf das dominante Gegenüber werden aus Angst und Ohnmacht meist nicht geäußert. Können sie in der Widerstandsphase noch ansatzweise durch den Widerstand ausagiert werden, müssen sie in den folgenden Phasen zunehmend unterdrückt werden. Die Wut wird jedoch nicht geringer – im Gegenteil. Der Betroffene gerät zunehmend unter Druck. Von außen drückt das dominante Gegenüber, von innen die unterdrückte eigene Aggression.

Da sie nicht herausgelassen werden kann, richtet der Betroffene die Aggression nun zunehmend gegen sich selbst. Bei diesem Prozess handelt es sich in den meisten Fällen um einen unbewussten Vorgang, der nicht als solcher, sondern – wenn überhaupt – nur in seinem Endergebnis wahrnehmbar ist.

In dieser Phase gibt es zunehmend Impulse der Selbstvernichtung. Der Wunsch, sich selbst zu zerstören, kann sich in Kamikaze-Aktionen zeigen, zum Beispiel im Bereich des Sports, durch immer unkontrollierbareren Suchtmittelmissbrauch oder aber auch durch das Eingehen von blinden unternehmerischen Risiken. Sehr häufig wird die bis zu dieser Phase aufrechterhaltene heile und disziplinierte Fassade der Umwelt gegenüber nun durch unbewusst geplante Aktionen eingerissen, immer mit dem Ergebnis, sich selbst endgültig den Boden unter den Füßen wegzureißen. So wird die eigene Sucht zum Beispiel nicht mehr versteckt, sondern öffentlich zur Schau gestellt, oder es werden grobe Fehler oder

Unterlassungen begangen, deren Konsequenz nur die Kündigung oder ein massiver wirtschaftlicher Schaden für das Unternehmen ist.

Nicht selten führt in dieser Phase der endgültige Ruin des Einzelnen zum Ruin des Systems, in dem er sich befindet und von dem er sich nicht befreien konnte. Dies wird nicht nur in Kauf genommen, sondern immer wieder auch gerne gesehen. »Mir war zu diesem Zeitpunkt alles egal«, berichtete ein Bereichsleiter eines bekannten Konzerns, »ich war in einer Stimmung, in der ich mit offenen Augen auf den Abgrund zusteuerte und, wenn ich es mir im Nachhinein überlege, eine gewisse Genugtuung dabei empfand. Ich wollte die Reißleine nicht mehr ziehen. Wozu auch? Es gab für mich keinen Sinn mehr, dies zu tun. Ich hatte mich und die Welt einfach satt.« Es gibt eine Ansicht in der Psychologie, nach der jeder, der einen Suizid begeht, vorher am liebsten jemand anderen umgebracht hätte. Der Suizid ist das Extrem dieser Phase und besiegelt den endgültigen Rückzug. Der innere Rückzug wird nun auch zu einem Rückzug aus der äußeren Welt.

Weitere Merkmale in der Rückzugsphase sind eine allgemeine Starre, das Gefühl der Gefühllosigkeit, eine Teilnahmslosigkeit sowie das Gefühl einer wachsenden eigenen Isolation der Umwelt gegenüber. »Ich nehme die Umwelt nur noch wie durch Nebel oder Watte wahr ...«, so haben viele Betroffene diesen Zustand beschrieben, der verbunden ist mit Gefühlen von Sinn- und Hoffnungslosigkeit dem Leben gegenüber.

Auf der Ebene des Verhaltens findet ein völliger Rückzug des Betroffenen in sich selbst statt. Symptomatisch ist eine massive Antriebslosigkeit, in der mittlerweile selbst die Bewältigung des Alltags zu viel erscheint. Ich erinnere mich an eine 41-jährige Personalleiterin, die berichtete, dass selbst das Föhnen ihrer Haare in dieser Phase einen nicht zu bewältigenden Aufwand für sie darstellte.

Weitere Anwendungsbereiche des Vier-Phasen-Modells

Gruppen, Teams und Unternehmen

Nachdem nun zunächst die Situation zwischen zwei Personen dargestellt wurde und darin die Entwicklung beschrieben wird, wie eine Person über den Konflikt mit einer anderen Person ausbrennen kann, ist es an dieser Stelle wichtig zu erwähnen, dass sich dieses Modell nicht nur auf eine Beziehung von zwei Personen anwenden lässt. Es lässt sich auch auf Gruppen, auf Teams und auf Unternehmen beziehen. Hierbei sind die Positionen A und B nicht in der Hierarchie festgelegt, sondern je nach den beteiligten Personen verschieden einzunehmen und zu besetzen.

So kann sich ein Teamleiter oder Geschäftsführer durchaus auch in der B-Position befinden, während sein Team die A-Position übernimmt. Auch innerhalb der Teams können die Rollen variieren. Wer welche Position in diesem Modell besetzt, ist je nach Fall verschieden. Der Verlauf ist jedoch stets der gleiche. So können sich ganze Teams im Widerstand befinden, wobei Geschäftsführer oder Unternehmen in die Erschöpfung gehen können, ebenso wie Partnerschaften die vier Phasen bis zum Rückzug durchlaufen und darüber ausbrennen können. In jedem Fall beschreibt das Modell erneut den jeweiligen Zustand eines Systems.

Es kann ungemein hilfreich sein, die eigenen Systeme vor diesem Hintergrund zu reflektieren – sowohl in Form einer Bestandsaufnahme als auch in den wichtigen Momenten der Umstrukturierung, in denen Sie ein neues System bilden oder betreten. Nur eine rechtzeitige Analyse kann rechtzeitiges Bewusstsein und rechtzeitiges Einschreiten – im besten Fall präventiv – ermöglichen. Eine klare Analyse der A- und der B-Position kann für ein angemessenes Handeln also nur hilfreich sein. Vor allem das eindeutige Erkennen und Verstehen des Rückzugs innerhalb der

B-Position ist hierbei von Bedeutung. Es muss erneut betont werden, dass mit Rückzug nicht der äußere Rückzug, sondern der innere Rückzug gemeint ist. Derjenige, der die Position B einnimmt, zieht sich im Laufe der vier Phasen immer weiter in sich selbst zurück.

Dieser Rückzug muss in der Außenwelt jedoch nicht zwangsläufig zu erkennen sein. Im Gegenteil – sehr häufig macht letztlich B das, was A fordert. Um in unserem Beispiel zu bleiben: Am Ende geht Frau Müller mit Herrn Meier ins Kino.

Hierin liegt jedoch der größte Sprengstoff, das größte Burnout-Potenzial – für das jeweilige System ebenso wie für die Einzelperson. Überlegen Sie einmal, was es für Ihre Beziehung bedeutet, wenn Ihr Partner zwar körperlich neben Ihnen im Kino sitzt, innerlich jedoch überhaupt nicht präsent ist. Dabei ist das Thema »Kino oder Eis essen« sicherlich eines von den eher weniger bedeutsamen. Dieses Gegen-das-eigene-Wollen-Handeln gilt natürlich nicht nur für die partnerschaftliche Beziehung, sondern lässt sich auf alle Arten von Beziehungen übertragen. Ob es der Mitarbeiter ist, der Dienst nach Vorschrift macht, oder der Kollege, der gegen seinen Willen Ihren Anweisungen folgt, oder der Ehepartner, der sich dem Willen des Partners fügt – nur äußerlich mitzumachen, innerlich jedoch woanders zu sein, ist Gift für jede Art von Beziehung und wird sich früher oder später massiv rächen. Derjenige, der gegen seine Auffassung oder seine Bedürfnisse handelt, wird einen Moment suchen und ihn auch immer finden, in dem er es demjenigen heimzahlen kann, der ihn dazu vermeintlich gezwungen hat, und sei es dadurch, dass er seine Position auf Kosten des anderen durchgesetzt hat.

Der Dialog mit sich selbst

Das Vier-Phasen-Modell zeigt jedoch nicht nur, wie Systeme oder einzelne Personen aufgrund eines äußeren Spannungsfelds in ein Burnout gelangen können, sondern es zeigt ebenfalls, wie eine

Person aufgrund eines inneren Spannungsfelds ausbrennen kann. In diesem Fall werden die beiden Positionen A und B von ein und derselben Person gleichzeitig besetzt. Wer kennt nicht das Zitat aus Goethes Faust: »Zwei Seelen wohnen, ach, in meiner Brust«? Wer kennt sie nicht, ebensolche zwei Seelen, die in der eigenen Brust wohnen?

Die eigenen inneren Vorstellungen, Erwartungen und Ansprüche, die sich gegenüberstehen und sich häufig nicht miteinander vereinbaren lassen ... Ob grundsätzliche Lebensvorstellungen oder situationsbezogene Haltungen, Positionen oder Erwartungen, egal in welchem Bereich – sobald zu einer Sache gleichzeitig verschiedene innere Haltungen existieren und diese in der betroffenen Person nicht vereinbar erscheinen, ist der Konflikt vorprogrammiert. Ein klassisches Beispiel dafür sind die Vorstellungen von Karriere, Beruf und Familie, die sich in vielen Menschen unversöhnlich gegenüberstehen. »Ich hatte einfach den Anspruch an mich, alles unter einen Hut zu kriegen«, berichtete eine Senior Managerin, die über die Jagd nach einer Partnerposition, dem Anspruch, ihrem Sohn eine bessere Mutter zu sein (als ihre eigene es war), und dem inneren Ärger über den Ehepartner, der es als Mann so viel leichter hat, immer atemloser wurde und sukzessive ausbrannte. »Ich wollte einfach nicht einsehen, dass der Tag nur 24 Stunden hat – und ich meine Grenzen. Ich wollte mich weder für das eine noch für das andere entscheiden, ich wollte alles und jeweils in dem Ausmaß, als wäre es das Einzige. Am Ende hatte ich nichts davon richtig.«

Wer kennt sie nicht, die beiden Seelen, die in der eigenen Brust wohnen?

Ein innerer Konflikt kann ebenfalls entstehen, wenn ein persönlicher Wunsch an der äußeren Realität scheitert, wenn man einem Traum nachjagt, der nicht zu erfüllen ist, den man aber auch nicht loslassen kann. So wollte eine Personalreferentin um jeden Preis an ihrem Kinderwunsch festhalten und brannte schließlich über ihren langen und vergeblichen Bemühungen aus, schwanger zu werden, während ein 50-jähriger Senior Manager sich nicht von dem Traum verabschieden konnte, Partner zu werden.

Ich denke auch an die Geschichte einer jungen Frau, die den Tod ihres Partners nicht akzeptieren wollte, und anstatt ihr Leben weiterzuleben, sich über die Nichtakzeptanz der Situation immer mehr erschöpfte.

Eine weitere Variation der Zwei-Seelen-Problematik erlebt ein Mensch in der schwierigen Situation, wenn in ihm Prägung und Identität aufeinandertreffen. Dies sind häufig die größten Kämpfe und Herausforderungen im Leben, nicht zuletzt, weil sich der Betroffene oft über seine eigene Identität nicht bewusst ist und so nur eine Position, die Position der Prägung, in sich wahrnimmt. Ich erinnere mich an einen Workshop, den ich vor erfolgreichen Führungskräften hielt, die mitten im Leben standen. Ich bat jeden Teilnehmer, seine entscheidenden Lebensbereiche auf ein Blatt Papier zu zeichnen und dann aufzuschreiben, wie er in den jeweiligen Bereichen geprägt wurde. Welche Bedeutung des Berufs wurde mir von meinen Eltern vermittelt? Wie sind die beiden mit sich selbst und ihrem Leben umgegangen? Was wurde mir von ihnen vorgelebt, was Partnerschaft bedeutet? Was bedeutet »Mann-Sein« und was bedeutet »Frau-Sein«? Nachdem jeder dies notiert hatte, bat ich, nun auf einem weiteren Blatt Papier aufzuschreiben, wie die Teilnehmer die einzelnen Lebensbereiche persönlich leben. Was meinen Sie, was die Betroffenen feststellen mussten, als sie die beiden Papiere verglichen und ihr aktuelles Leben ihrer Prägung gegenüberstellten? Wenn Sie sich ein Blatt Papier nähmen – was würden Sie vorfinden? Leben Sie in jedem Lebensbereich ein Leben, das Ihnen in Ihrem Wesen entspricht? Die Führungskräfte mussten mit Erschrecken feststellen, dass sie überwiegend – die meisten sogar ausschließlich – das lebten, was ihnen vorgelebt wurde, selbst wenn sie sich für das Gegenteil entschieden hatten. »Wenn ich mir das Ganze anschaue«, sagte einer der Teilnehmer, »so habe ich nach außen hin zwar ein reiches Leben – ich selbst komme darin aber überhaupt nicht vor.«

In den meisten Fällen wird die Prägung zum Lebensprinzip des Menschen, nach dem er unbewusst und selbstverständlich sein Leben ausrichtet und dementsprechend seine Entscheidungen trifft.

Je weniger die Prägung jedoch seiner Identität, dem eigenen Wesen entspricht, desto »unwohler« und »erschöpfter« wird er sich mit wachsendem Lebensalter fühlen, häufig jedoch ohne zu wissen, warum. Ob es ein ausgeprägter Leistungsanspruch ist, hinter dem sich das elterliche Prinzip »Liebe gegen Leistung« und die persönliche Erfahrung »Ich bin nur etwas wert, wenn ich etwas leiste« verbirgt, oder das Verfolgen bestimmter Lebensprinzipien oder Ziele, welche sich irgendwann als Nachahmung – häufig in Form des elterlichen Gegenteils – entpuppen, in allen Fällen läuft der Betroffene Gefahr, sich mit zunehmendem Lebensalter unter einem zwar von ihm gelebten, ihm jedoch fremden Lebensprinzip zu erschöpfen. Dem etwas Eigenes entgegenzusetzen, erscheint vielen aufgrund der schwachen eigenen Identität meist unmöglich – zumal den wenigsten dieser innere Konflikt bewusst ist.

Manche Betroffene erkennen zwar rational, dass sie etwa einen zu hohen Anspruch haben – diesen aufzugeben und durch einen eigenen zu ersetzen, gelingt ihnen jedoch nicht, da sie mit ihrer Prägung emotional identifiziert sind. »Irgendwo wusste ich, dass ich kein Beratertyp bin«, sagte zum Beispiel ein 38-jähriger Personalberater eines weltweit bekannten Beratungsunternehmens. »Eigentlich haben mich von Anfang an eher die Geisteswissenschaften interessiert – aber setzen Sie dies einmal gegenüber den eigenen Ansprüchen durch. Dann würde ich jetzt schön in einem Reihenhaus sitzen und Kombi fahren – und wer wäre ich dann noch?«

Ein 40-jähriger perfektionsgetriebener Anwalt kämpfte dagegen 80 Stunden die Woche verbissen für das Recht – und eigentlich um die Anerkennung seines Vaters: »Ich wusste, dass mein Anspruch hoch war, aber es gab für mich keine Alternative«, berichtete er. »Ich bin von Anfang an getreu dem Motto erzogen worden: ›100 Prozent sind noch zu wenig‹. Mein Vater hat mir dies immer vorgelebt. Wenn man von ihm akzeptiert werden wollte, so hatte man keine andere Chance, als diesem Prinzip zu folgen.« – »Ich wollte es besser machen«, sagte eine Lehrerin an einer Brennpunktschule und meint damit nicht nur ihre eigene Schulzeit, sondern auch ihr von Vernachlässigung geprägtes Elternhaus. Eine karrieregetriebene Personalleiterin betonte, dass sie um jeden Preis nicht so enden wollte wie ihre depressive Mutter, deren Lebensinhalt darin bestand, auf den Vater zu warten. Alle vier waren aufgrund von Burnout in klinischer Behandlung. Alle vier stellten im Verlauf der Behandlung fest, dass sie ein Leben gelebt hatten, welches weit von der eigenen Identität entfernt lag.

Alle vier waren über ein Leben ausgebrannt, das von Maßstäben geprägt war, welche ihren Ursprung in der eigenen Biografie und häufig in einem daraus entstandenen Gefühl der Minderwertigkeit hatten. »Es ist bitter, sich einzugestehen, wie ein erwachsener Mann noch immer der Anerkennung seines Vaters hinterherrennt und sich darüber selbst aus den Augen verliert«, sagte der Anwalt während einer Behandlungsstunde. »Ich wollte nur einmal die Anerkennung in seinen Augen sehen. Nur einmal das Gefühl haben, es auch ›geschafft‹ zu haben. Was ich mir dadurch angetan habe – das kann man eigentlich keinem erzählen.«

Sich in übernommenen elterlichen Ansprüchen oder unverarbeiteten biografischen Prägungen zu erschöpfen und am Ende darüber auszubrennen, ist keine Seltenheit – im Gegenteil, nicht rechtzeitig die Reißleine zu ziehen und auf seine Grenzen zu achten, diese Unfähigkeit findet ihren Ursprung meist in den Erfahrungen im Elternhaus. Auf das Modell übertragen würde die biografische Prägung die A-Position einnehmen und die eigene Identität die unterdrückte B-Position. Diese Konflikte schwelen häufig über Jahre und bleiben in ihrem Ursprung unerkannt. Nicht selten werden sie von den Betroffenen lange Zeit überhaupt nicht bemerkt. Deutlich werden sie meist erst dann, wenn die eigene Identität sich bereits tief in der Phase des Rückzugs befindet, und dadurch, dass die betroffene Person in einem hohen Maß erschöpft ist.

Die Frage nach dem wahren Selbst ist seit jeher eine der zentralen Fragen der Geisteswissenschaften, der Wunsch nach einem authentischen Leben, das letztlich auch Voraussetzung für Erfolge in Politik und Wirtschaft ist, wird täglich stärker. Dennoch scheint es nach wie vor noch nicht zu den lebbaren Selbstverständlichkeiten unserer heutigen Zeit zu gehören. Hermann Hesse hat das Spannungsfeld zwischen dem Wunsch und der Schwierigkeit, *einfach ich selbst zu sein*, in seinem Roman *Demian* pointiert mit den Worten zusammengefasst: »Das Einzige, was ich wollte, war, aus mir heraus zu leben, warum war das nur so schwer?«

Im Dialog mit sich selbst: Häufig bestimmt die Prägung das eigene Leben so stark, dass die Identität immer mehr verloren geht

Zu Beginn des Kapitels habe ich die Fähigkeit zum Dialog beschrieben und ihre Bedeutung als Basis einer guten Beziehung hervorgehoben. Dabei lag der Fokus bislang auf der Beziehung zwischen zwei Personen, nun soll auch die Beziehung einer Person zu sich selbst betrachtet werden.

Dialogfähigkeit beschreibt nicht nur die Fähigkeit, mit einer anderen Person in den Dialog zu treten, sondern auch mit sich selbst. Mit sich selbst im Dialog zu sein, bedeutet, dazu in der Lage zu sein, die verschiedenen »inneren Seelen« in Einklang zu bringen. Es setzt die Bereitschaft zu gesunden Kompromissen voraus, die Fähigkeit, eine Balance zwischen Ratio und Emotion herzustellen, sowie die Fähigkeit, zwischen Prägung und wahrem Selbst unterscheiden zu können. Dialogfähigkeit bedeutet also in diesem Zusammenhang, dass Sie mit Ihrem Wesen vertraut sind und auf dieser Grundlage Ihr eigenes Handeln so ausrichten, dass es mit der eigenen Identität im Einklang steht und dabei zugleich die äußeren Realitäten anerkennt. Mit sich selbst im Dialog zu sein, ist die Voraussetzung dafür, dass Sie mit Ihrem Umfeld in den Dialog treten können.

Echte Verständigung und echtes Miteinander können nur geschehen, wenn wir bereit sind, mit uns selbst in den Dialog zu treten und die Authentizität und tatsächliche Notwendigkeit unserer Positionen und Bedürfnisse zu prüfen.

Ein identisches Ich ist *das* Fundament, um ein Gegenüber zu bilden. Äußere Konflikte können nur bestanden werden, wenn der innere Dialog bestehen bleibt. Äußere Positionen können nur vertreten werden, wenn der innere Dialog existiert. Echte Verständigung und echtes Miteinander können also nur geschehen, wenn wir bereit sind, mit uns selbst in den Dialog zu treten und die Authentizität und tatsächliche Notwendigkeit unserer Positionen und Bedürfnisse zu prüfen.

Mit sich im Dialog zu sein, bedeutet aber auch, im Dialog mit dem Leben zu sein, mit den Tatsachen des Lebens und mit den Phasen des Lebens. Mit dem, was ist, und mit dem, was war, und die Fähigkeit, beides voneinander zu unterscheiden.

Im Dialog mit sich zu sein, bedeutet Beständigkeit und Wandlungsfähigkeit zugleich – in steter Anerkennung, dass das Leben Wandlung bedeutet und jeder Mensch ein endlicher Teil des Lebens ist.

Dies als Grundlage für die eigene Person zu erkennen, ohne darüber die eigene Identität zu verlieren, faule von gesunden Kompromissen unterscheiden zu können und die Fähigkeit, sowohl individuell als auch sozial zu sein, sind einige Notwendigkeiten, um nicht über dem Leben auszubrennen.

Die Fähigkeit, mit sich selbst im Dialog zu sein, ist meiner Ansicht nach die Grundvoraussetzung für die eigene Gesundheit. Jeder, der mit Burnout zu mir in die Behandlung kam, besaß diese Fähigkeit nicht mehr oder hatte sie nie besessen. Jeder der Betroffenen lebte ein Leben in einer Spaltung zu seinem identischen Selbst und war, manchmal laut und manchmal auch sehr leise, manchmal früher und manchmal später, darüber ausgebrannt.

Alarm – Widerstand – Erschöpfung – Rückzug: Entwickelt sich das Burnout-Syndrom immer nach dem gleichen Prinzip?

Ich werde häufig gefragt, ob die genannten Phasen nur in dieser einen Reihenfolge auftreten oder ob auch Abweichungen davon möglich sind. Selbstverständlich gibt es Fälle, in denen Phasen übersprungen oder ausgelassen werden. So kann auf die Alarmphase zum Beispiel direkt der Rückzug folgen, oder bei einem drohenden Konflikt kann die Alarmphase übersprungen und sofort in den Widerstand gegangen werden. Der Verlauf ist individuell verschieden und abhängig von der jeweiligen Lebenssituation, den jeweiligen Kraftreserven und dem jeweiligen Konfliktverhalten.

Wenn eine Person zum Beispiel der inneren Grundüberzeugung unterworfen ist, am Ende sowieso zu verlieren, wird sie bei einem drohenden Konflikt nur wenig oder gar nicht versuchen, ihre Position zu vertreten – sie wird also sehr schnell in den Rückzug gehen.

Nicht selten überspringen solche Menschen die Phasen Alarm, Widerstand und Erschöpfung ganz und beginnen einen Konflikt sofort mit der Phase des Rückzugs. Gleiches kann auch für eine Person gelten, deren Energie bereits durch andere vorhandene Konflikte aufgebraucht ist. Auch sie wird sich möglicherweise schneller zurückziehen als jemand, der keine anderen Konflikte zu bestehen und nur an einer Front zu kämpfen hat. So begab sich eine Frau sofort in die Phase des Rückzugs, als sie von ihrem Vorgesetzten mehrere zusätzliche Aufgaben zu einem an sich schon vollen Arbeitspensum übertragen bekam: »Ich stand mitten in einer Ehekrise und hatte mich außerdem noch um meine pflegebedürftige Mutter zu kümmern. Meine Schwestern drückten sich ja erfolgreich davor. Da hatte ich keine Kraft, mich nun auch noch mit meinem Chef auseinanderzusetzen.« So begründete sie, warum sie anstelle der äußeren Auseinandersetzung den inneren Rückzug gewählt hatte.

Für welche Phase sich der Betroffene entscheidet und wie lange er in ihr verweilt – Art und Dauer der einzelnen Phasen hängen hauptsächlich von den verfügbaren Kräften der einzelnen Personen ab. Auch die Ebenen von Körper, Gedanken, Gefühl und Verhalten sind in ihrer Symptomatik individuell verschieden ausgeprägt. Dies hängt unter anderem von der Fähigkeit der Selbstwahrnehmung und dem Maß der Verdrängung der jeweiligen Person ab.

Es gibt nicht selten Menschen, die ihre Symptome lange Zeit überhaupt nicht bemerken und diese erst in der Phase des Rückzugs plötzlich zu spüren beginnen. So berichtete mir beispielsweise ein Anwalt: »Die ganze Zeit ging es mir absolut gut. Ich war fit – bis plötzlich gar nichts mehr ging. Dann kam alles zusammen: Kopfschmerzen, Rückenschmerzen, Herzrasen, Schwindel und eine totale körperliche Erschöpfung.«

Jeder Weg zum Burnout ist ein individueller und bei jeder Person ist jede Ebene in der jeweiligen Phase unterschiedlich stark ausgeprägt. Nicht jeder reagiert sofort mit körperlichen Symptomen und auch die Ebenen der Gedanken und der Gefühle sind individuell verschieden. So unterschiedlich wir in unserer Ratio und in unserer Emotion sind, so unterschiedlich werden wir auch in den einzelnen Phasen reagieren. Doch auch wenn der Weg zum Burnout ein individueller ist, so folgt er in seiner Richtung jedoch stets dem Verlauf des Vier-Phasen-Modells und führt, manchmal mehr und manchmal weniger laut, immer zum gleichen Ergebnis.

Was aber geschieht, wenn die Phase des Rückzugs einmal erreicht ist? Ist dies nun etwa ein endgültiger Zustand? Bedeutet einmal unten immer unten? Nein. Es ist durchaus möglich, sich auch aus der Position des Rückzugs heraus wieder auf Augenhöhe zu begeben und zurück zu einem Dialog zu finden. Ebenso, wie dies auch aus der Phase der Erschöpfung oder aus der Phase des Widerstands möglich ist. Die Reihenfolge ist nicht statisch festgelegt, sondern auch hier individuell verschieden. Das Modell beschreibt glücklicherweise keine Einbahnstraße in den Abgrund. Es gibt immer ein Zurück. Allerdings gilt auch hier: Je weiter unten Sie sich befinden, desto schwieriger ist es, wieder nach oben zu kommen.

Je weiter unten Sie sich befinden, desto schwieriger ist es, wieder nach oben zu kommen.

Das Käfermodell – die sechs entscheidenden Lebensbereiche

Nun kommt in meinen Vorträgen zu Recht die Frage: »Aber ich werde doch nicht ausbrennen, wenn ich einmal gegen meinen Willen ins Kino gehe?« Mit sehr großer Wahrscheinlichkeit nicht. Sicherlich auch nicht, wenn Sie dies zwei- oder dreimal tun. Sie können die beschriebenen Phasen in ihrem Prinzip durchaus in schwächeren Formen durchlaufen, ohne dass Sie sofort ein Burnout entwickeln. Dies gilt, solange es Ihnen gelingt, rechtzeitig auf die Ebene des Dialogs zurückzukehren. Wann allerdings ist rechtzeitig? Ab wann ist Vorsicht geboten? Wann wird es gefährlich?

Der Mensch besitzt sechs entscheidende Lebensbereiche, welche die Grundlage für seine Gesundheit darstellen. Diese Lebensbereiche gliedern sich folgendermaßen:

1. Beruf
2. Familie/Partnerschaft
3. Gesundheit
4. soziale Kontakte
5. Individualität/Hobbys
6. Glaube/Spiritualität

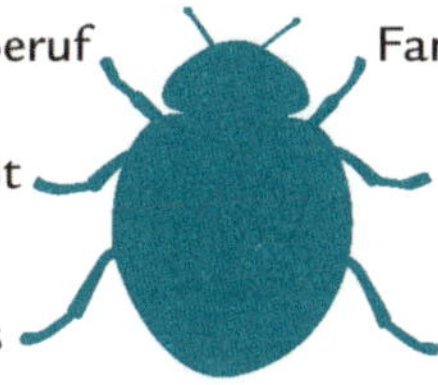

Das Käfermodell der sechs Lebensbereiche: Die Funktionstüchtigkeit der Beine entscheidet darüber, wie gut es im Leben läuft

Wenn Sie in diesen sechs Lebensbereichen im Dialog sind, wenn Sie in jedem dieser Bereiche dort stehen, wo Sie stehen wollen, so stehen Sie per definitionem gut im Leben und sind von einem Burnout weit entfernt.

Haben Sie auf dieser Grundlage nun plötzlich im beruflichen Bereich einen Konflikt, in dem Sie im Widerstand oder vielleicht sogar im Rückzug sind, so können Sie dies wahrscheinlich über einen langen Zeitraum aushalten, ohne darüber auszubrennen.

Je nach individueller Wertigkeit der einzelnen Lebensbereiche wird das Gleiche wohl auch dann noch gelten, wenn Sie einen weiteren Konflikt auszutragen haben. Je weniger Lebensbereiche jedoch ausgebildet sind, desto schwerwiegender ist jeder auftretende Konflikt.

Ich will ein Beispiel nennen: Die meisten Manager, die wegen eines Burnouts zu mir in die Beratung kamen, waren hinsichtlich der sechs Lebensbereiche folgendermaßen aufgestellt. Gesundheit: »schlecht«, soziale Kontakte: »keine Zeit«, Hobbys/Individualität: »keine Zeit«, Glaube (dies bedeutet nicht zwangsläufig eine Religion, sondern vielmehr ein Lebensprinzip, ein Lebensmotto, etwas, woran Sie glauben. Menschen, die nicht glauben, werden Schwierigkeiten haben, Krisen zu bestehen): »irgendwann verloren« oder »Habe ich mir noch nie Gedanken darüber gemacht«, Partnerschaft: »ja, aber« (bei genauerem Hinsehen nur noch auf dem Papier), Beruf: »bisher gut« (nun besteht aber ein Konflikt). Wenn jemand also von den sechs Lebensbereichen nur zwei ausgebildet hat – und davon einen eher schlecht als recht –, dann kann ein Konflikt in dem einzig übrig gebliebenen Lebensbereich sehr wohl zum Burnout führen, da der Betroffene nun »nichts mehr zuzusetzen« hat. Er hat weder einen Ort noch eine Situation, wo er »auftanken«, Kraft schöpfen und worüber er sich stabilisieren könnte. Selbiges gilt für die Situation, zwar über jedes Standbein zu verfügen, jedoch nie wirklich dort zu sein, wo man sein will. So kann also durchaus gelten: Je weniger ich mich in meinen einzelnen Lebensbereichen mit mir selbst und meinem Umfeld im Dialog befinde, desto größer ist die Gefahr, beim nächsten Konflikt auszubrennen.

Die Bedeutung eines Konflikts und die damit verbundene Gefahr eines Burnouts sind jedoch nicht nur abhängig von der Anzahl der ausgebildeten Lebensbereiche, sondern auch von der individuellen Gewichtung der einzelnen Lebensbereiche. Jemand, der sich zum Beispiel sehr über die Partnerschaft definiert, wird eher unter einem Partnerschaftskonflikt ausbrennen als jemand, der seine Identität im beruflichen Bereich sieht. Viele unterschätzen den Einfluss der individuellen Bedeutungsvergaben und Identifikationen auf die jeweilige Lebensstabilität und wundern sich, warum sie sich in bestimmten Momenten und Bereichen wesentlich »angegriffener« fühlen als in anderen. Die einzelnen Bedeutungsvergaben und Identifikationen können abhängig von der jeweiligen Person ein unterschiedliches Ausmaß haben und unterschiedlichster Art sein, manchmal auch so, dass einiges auf den ersten Blick, zumindest für Außenstehende, kurios erscheint. So kam eine Frau aufgrund eines Burnouts in die klinische Behandlung. Auslöser war der Tod ihrer Katze. Die sechs Lebensbereiche waren bei ihr bis auf den Beruf kaum ausgebildet. Nach einer gescheiterten Partnerschaft, einem Umzug in eine neue Stadt und der Diagnose einer chronischen Gelenkerkrankung entschied sich die Frau für den Kauf einer Katze. In den darauffolgenden Monaten bekam diese einen immer höheren emotionalen Stellenwert. Sie kompensierte die Unstimmigkeiten der anderen Bereiche und wurde so zu einem entscheidenden Lebensinhalt der Frau, indem sie die Bedeutungen der Bereiche Hobby, Partnerschaft und soziale Kontakte in sich vereinte. Der Frau gelang es auf diese Weise, ihren Alltag weiter zu meistern, bis die Katze plötzlich verstarb. Das bis dahin stabil gehaltene Lebenssystem brach zusammen und die Frau wurde in die Klinik eingeliefert.

Je mehr Sie Ihre Identität im Außen anstatt in sich selbst suchen, umso größer ist die Gefahr Ihres Zusammenbruchs, wenn das Äußere wegfällt. Es gilt also, die eigene Identität im Inneren zu finden und auf dieser Grundlage für eine ausgewogene, uns entsprechende Gewichtung aller (!) sechs Lebensbereiche zu sorgen. Mit sich und seiner Umwelt in jedem dieser Bereiche im Dialog zu sein, das ist die notwendige Voraussetzung für langfristige Gesundheit und Leistungsfähigkeit. Dabei sollte das folgende zentrale Lebensgefühl die Basis sein: sich mit sich und bei den anderen »zu Hause« zu fühlen. Nur dann können Sie auch rasten und ruhen, sich regenerieren und entspannen. Ein Mensch, der gesund und leistungsfähig bleiben will, muss sich in seinem Leben beheimatet fühlen.

Wenn Sie Ihr Leben betrachten, können Sie dies von sich sagen? Können Sie sagen, dass Sie sich in jedem der sechs Lebensbereiche wohl- und »zu Hause« fühlen? Haben Sie Ihre *Heimat* gefunden? Die meisten, die aufgrund eines Burnouts zu mir in die Beratung kamen, konnten dies nicht mehr. Sie hatten das Gefühl verloren, ein »Zuhause« zu haben. Sie waren in ihrem Leben zu rastlosen Heimatlosen geworden, die vermeintlichen Zielen nachjagten, ohne dabei jedoch irgendwo ankommen zu können.

Die Macht der inneren Realitäten

Ich möchte nun zu einem entscheidenden Punkt kommen, dessen Bedeutung bei der Entstehung und Behandlung von Burnout nicht genug hervorgehoben werden kann: dem Punkt der inneren Realität und der subjektiven Bewertung. Erinnern wir uns: Stress entsteht nie durch eine Situation an sich, sondern immer durch die subjektive Bewertung, sich einer Situation oder einer Person nicht gewachsen zu fühlen.

Stress entsteht nie durch eine Situation an sich, sondern immer durch die subjektive Bewertung, sich einer Situation oder einer Person nicht gewachsen zu fühlen.

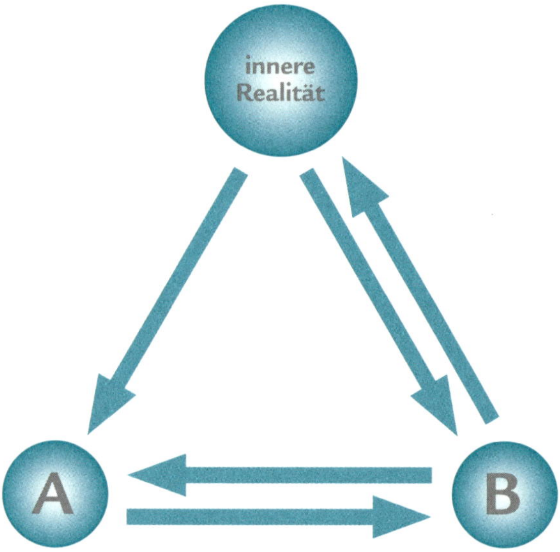

Bewertung der Situation: Die äußere Realität wird anhand der inneren Realität bewertet und eingeschätzt; daraus folgt der individuelle Umgang mit der Situation

Die Entscheidung, sich zurückzuziehen und aufzugeben, findet also immer aufgrund einer inneren Beurteilung statt. Doch wie kommt es zu dieser Beurteilung? Was in uns führt zu einer positiven und was zu einer negativen Bewertung? Ab wann habe ich das Gefühl »Ich komme gegen meinen Kollegen nicht an/mit meinem Chef ist nicht zu reden/mein Partner versteht mich nicht/die Situation, in der ich mich befinde, ist unaushaltbar und nicht zu lösen«?

Es sind die bewussten und unbewussten Erfahrungen, die wir bisher gemacht haben, die uns in unserem Denken, Fühlen und Handeln geprägt haben und aus denen heraus wir unser Umfeld bewerten. Prägende Erfahrungen finden vor allem in den ersten Jahren des Lebens innerhalb des Elternhauses statt. Dabei prägen uns viel weniger einzelne Situationen als vielmehr die tägliche Atmosphäre, die wir erlebt haben und in der wir aufgewachsen sind. Die äußere Realität unseres Elternhauses ist die Normalität, die wir lernen, nach der wir uns richten und die wir irgendwann als Realität verinnerlichen – so lange, bis wir sie hinterfragen und eine eigene entwickeln.

Je nachdem, wie unsere Erfahrungen sind, begegnen wir auf dieser Grundlage der Welt und bewerten diese dementsprechend. Dabei wirken sich sowohl positive als auch negative Prägungen auf das Erleben der gegenwärtigen äußeren Realität aus. Die Mög-

Je unbewusster und unverarbeiteter die innere Realität ist, je ohnmächtiger der Betroffene sich ihr gegenüber fühlt, desto größer ist die Gefahr, dass sie nach außen projiziert wird und die äußere Realität in einem Maß überdeckt, dass der Betroffene nicht mehr adäquat reagieren kann

lichkeiten dabei sind so vielfältig, wie der Mensch individuell ist. Macht ein Mann in jungen Jahren etwa die wiederholte negative Erfahrung eines ihn mit Schweigen strafenden Vaters, dem er hilflos ausgeliefert ist, so wird ihn dies für seine spätere Beziehungsgestaltung prägen.

So werden Situationen mit einem vielleicht etwas schweigsameren Gegenüber, einem vielleicht etwas wortkargen Chef oder Kollegen in unbewusster Erinnerung der alten Ohnmacht vorschnell als belastend erlebt und in Auseinandersetzungen als aussichtslos bewertet.

Oder aber eine Frau erfährt zum Beispiel in frühen Jahren stete Selbstbestätigung durch Übernahme von Verantwortung für die Familie. Sie wird sich in dem Erleben dieser positiven Erinnerung, aus der die Selbstdefinition »Ich bin für andere da« entstanden ist, später Situationen mit ebensolchen Möglichkeiten suchen und sich schnell verpflichtet fühlen, ihrem Umfeld Aufgaben abzunehmen. Nicht selten sind diese Menschen gern gesehene Kollegen und Mitarbeiter. Sie übernehmen gerne Verantwortung, sind überall einsetzbar und durchaus belastbar. Die Schwierigkeit, mit der diese Personen zu kämpfen haben, ist die, für sich selbst zu sorgen und Grenzen zu ziehen. »Nein« zu sagen, erscheint für sie kaum möglich. Diese Menschen erleben und bewerten die Situationen um sich herum immer wieder so, dass eine Abgrenzung nicht erreichbar zu sein scheint. Dort, wo andere schon längst die Grenze gezogen hätten, werden die Betroffenen durch ihre innere Realität (»Ich bin für andere da«) zum »Weitermachen« gezwungen. Wie in diesem Fall, so haben wir alle unsere bewussten und unbewussten Erfahrungen, die uns in unserer Lebensgestaltung prägen. Sie entscheiden darüber, wie wir die Situation, wie wir unser Gegenüber und vor allem wie wir uns selbst bewerten. Je weniger sie uns bewusst sind, desto mehr können sie zur ständigen selbsterfüllenden Prophezeiung aus unserer Vergangenheit werden, richtungsweisend die aktuelle äußere Realität überlagern und sich nicht selten zum Hemmnis in der Gegenwart entwickeln.

Angewandt auf das Modell bedeutet dies Folgendes: In den wenigsten Fällen ist A tatsächlich, wie von B gesehen, so mächtig – es sind vielmehr die inneren Realitäten, die eine Person dazu bewegen, ihr Gegenüber als übermächtig einzustufen, die B-Position einzunehmen und sich zurückzuziehen. Ich will ein Beispiel nennen: Ein Mann wuchs unter einer rothaarigen Mutter auf, die ihn als Junge aufs Äußerste erniedrigte und dominierte. Egal, was er versuchte, es gelang ihm weder ihre Anerkennung noch ihre wohlwollende Unterstützung zu erlangen. Später, mittlerweile erwachsen, fühlt sich dieser Mann nun, aus welchem Grund auch immer, besonders von rothaarigen Frauen angezogen.

In der Partnerschaft kommt es dann irgendwann zu der Diskussion: Kino oder Eis essen? In dem Moment beginnen nun die inneren Erfahrungen auf den Mann einzustürzen, hier die Erfahrung »Gegen rothaarige Frauen komme ich sowieso nicht an«. Was tut dieser Mann? Er bewertet seine Partnerin und die Situation entsprechend seiner Erfahrung und wird viel wahrscheinlicher die B-Position einnehmen und sich zurückziehen als jemand, der – um ein anderes Extrem zu nennen – etwa über die innere Erfahrung einer depressiven, unterwürfigen Mutter verfügt, die ihrem Kind keine Grenzen gesetzt hat. Dieser Bewertungsprozess geht in Sekundenschnelle und ist in den meisten Fällen unterbewusst. Für den Betroffenen wird häufig nur das Gefühl deutlich: »Es bringt nichts«, was er vor sich und seinem Umfeld dann häufig mit einem »Es lohnt sich nicht« oder »So wichtig ist es nun auch nicht« vertritt.

Das Verhalten, in einem Konflikt den inneren Rückzug anzutreten, zeugt meist von unverarbeiteten inneren Realitäten. Andere Meinungen müssen nicht automatisch zur Hilflosigkeit oder Ohnmacht führen – weder im privaten noch im beruflichen Umfeld und auch nicht in Hierarchien.

Natürlich existieren auch im Erwachsenenalter Abhängigkeiten. Die Brisanz, die darin jedoch oft gesehen wird, liegt meist nicht in diesen selbst begründet, sondern speist sich aus den unverarbeiteten Abhängigkeiten der eigenen Biografie. Das Verkennen dieser Tatsache führt zu der häufigen Fehlannahme, dass in Hierarchien ein Dialog auf Augenhöhe nicht möglich sei. Der Vorgesetzte wird dann allein durch seine Position automatisch zu einer Autoritätsperson, auf welche die Betroffenen nun unbewusst ihre unverarbeiteten Ohnmachtserfahrungen mit früheren Autoritäten projizieren und damit nicht nur einen Dialog, sondern auch ein mündiges, innovatives Miteinander ausschließen.

Wie machtvoll innere Realitäten sind, wird jeder von Ihnen in seinem Leben bereits erfahren haben. Sei es in nicht nachvollziehbaren Kurzschlusshandlungen oder in Verhaltensweisen, die gegen den eigenen Willen stattfinden – je nach individuellem Erfahrungsschatz gibt es dazu viele Beispiele. Die Konsequenz jedoch ist bei allen gleich: Je weniger die inneren Realitäten verarbeitet sind, desto mehr Kraft und Aufmerksamkeit rauben sie dem Betroffenen bei seinen Bemühungen, sie unter Kontrolle zu halten. Kraft und Aufmerksamkeit, die er für eine erfolgreiche Bewältigung des äußeren Konflikts benötigen würde. So findet in nicht wenigen Fällen der eigentliche Kampf im Inneren statt – worüber der Konflikt in der Außenwelt häufig verloren wird.

Innere Realitäten entscheiden jedoch nicht nur darüber, ob ein Mensch während eines Konflikts den inneren Rückzug antritt. Sie sind oftmals auch maßgeblich am subjektiven Stressempfinden beteiligt.

Erinnern wir uns: Stress tritt dann auf, wenn es nicht so läuft, wie ich es will, aber nicht immer, wenn etwas nicht so läuft, wie ich es will, gerate ich unter Stress. Was also ist der entscheidende Punkt für die Stressentstehung? Es ist unsere Identifikation. Je mehr wir mit dem, was wir wollen, identifiziert sind, umso stärker ist unser Stressempfinden, wenn es nicht erfüllt wird. Je mehr wir zu dem werden, was wir wollen, desto existenziell bedrohlicher ist seine Nichterfüllung und umso größer wird unsere »Alarmbereitschaft«.

Doch womit genau identifizieren wir uns eigentlich? Was meinen wir zu brauchen und warum? Haben Sie sich schon einmal gefragt, womit Sie sich identifizieren? Was Sie brauchen, um entspannt zu bleiben? Was muss erfüllt sein, damit Sie zufrieden sind? Die Fragen »Wer bin ich?« und »Was brauche ich?« bestimmen maßgeblich unser Handeln.

Häufig meinen wir aufgrund unverarbeiteter innerer Realitäten oder aus einer falschen Vorstellung von uns selbst (siehe Narzissmus, falsches Selbst, S. 101) heraus, etwas zum (Über-)Leben zu brauchen, was der jetzigen Realität nicht mehr entspricht. So braucht ein Kind die Anerkennung und Geborgenheit seiner Eltern für sein psychisches Überleben. Wenn diese nicht ausreichend vorhanden waren und dies nicht verarbeitet wurde, entstehen darüber im Erwachsenenalter häufig innere, überproportional empfundene Notwendigkeiten nach Anerkennung und Harmonie, die in der äußeren Realität nicht nur nicht umsetzbar sind, sondern zu Konflikten führen.

Nicht selten führen ungelöste innere Realitäten zu falschen Annahmen über die eigentliche Identität. Die Folge ist, dass nach inneren Gesetzmäßigkeiten gelebt werden muss, die nicht die eigenen sind, sondern vielmehr die Gesetzmäßigkeiten der eigenen Prägung, die Gesetzmäßigkeiten eines Kindes, über die der Betroffene dann immer weiter ausbrennt.

Die Einsicht, dass es häufig innere Ohnmachtserfahrungen sind, die auf die äußere Realität projiziert werden, und die Tatsache, dass es viel weniger das Gegenüber als vielmehr unsere inneren Realitäten sind, welche die Macht über uns haben, eröffnen die Chance zur Lösung und den Ansatz zu einer erfolgreichen Burnout-Behandlung. Viel zu selten wird dies jedoch gesehen, und viel zu häufig werden stattdessen alle Hoffnungen auf eine alleinige Veränderung der äußeren Umstände gesetzt. Nicht immer lassen sich diese jedoch problemlos ändern, umso seltener, wenn es sich dabei um eine eigenständige Person – oder auch ein System – handelt, die von dem überzeugt ist, was sie tut.

Die äußere Realität lässt sich nur in den seltensten Fällen verändern, im Gegensatz zu der inneren. So warne ich davor, die eigene Rettung ausschließlich in der Veränderung der Außenwelt zu suchen, vielmehr sollte man sich dem Möglichen zuwenden: der eigenen Veränderung. Diese ist meines Erachtens der entscheidende Punkt in der Behandlung von Burnout. Sie bedeutet nicht, »sich selbst aufgeben« oder »verbiegen« zu müssen, sondern ist im Sinne einer Neueinschätzung und Neuordnung der inneren Realitäten zu verstehen – eine Bestandsaufnahme von dem, was »wirklich« ist und was nicht, sowie einer daraus resultierenden eigenen Weiterentwicklung und persönlichen Reifung.

Die äußere Realität lässt sich nur in den seltensten Fällen verändern, im Gegensatz zu der inneren.

Fazit: Grundvoraussetzung für eine erfolgreiche Burnout-Prävention und -Behandlung ist nicht nur die Fähigkeit, zwischen inneren und äußeren Realitäten zu unterscheiden, sondern auch die, mit seinen inneren Realitäten in Dialog zu treten und sich ihnen nicht ohnmächtig zu unterwerfen. Die Kenntnis dieser eigenen Realitäten und deren Bewältigung ist die entscheidende Voraussetzung, um mit seinem Umfeld einen Dialog auf Augenhöhe führen zu können. Wer seine inneren Wirklichkeiten nicht kennt oder nicht verarbeitet hat, wird nur sehr begrenzt dazu in der Lage sein, mit der äußeren Welt in den Dialog zu treten.

Gibt es eine Burnout-Persönlichkeit?

Diese Frage wird mir immer wieder gestellt, sodass ich sie gerne an dieser Stelle aufgreifen möchte. Lassen Sie mich vorweg jedoch einen kurzen Satz zu meiner grundsätzlichen Haltung schreiben: Ich halte nicht viel davon, Menschen zu kategorisieren. Weder neige ich dazu, dies zu tun, noch halte ich es in Bezug auf die Gesundheit und für das Menschsein am Ende für zielführend. Diagnosen und Kriterien können, wenn überhaupt, nichts anderes als ein anfängliches, oberflächliches Hilfsmittel auf dem Weg zum Individuum Mensch, seiner individuellen Krankheitsentstehung und seiner Heilung sein. Nur vor diesem Hintergrund möchte ich im Folgenden einige Eigenschaften beschreiben, die mir bei Menschen mit Burnout stets begegnet sind.

Geringe Selbstwahrnehmung und fehlender Selbstbezug

Bei jeder Person, die von Burnout betroffen war, fand sich, wenn überhaupt, nur eine geringe Fähigkeit, sich selbst wahrzunehmen. Eigene Grenzen und Bedürfnisse waren häufig unbekannt und existierten in der Wahrnehmung der Betroffenen nur wenig bis überhaupt nicht. Ich erinnere mich an einen Mann, der in die klinische Behandlung kam und in einer Sitzung davon berichtete, die »freie Zeit der Krankschreibung« nun einmal für sich nutzen zu wollen. Er, eine erfolgreiche Führungskraft mit Personalverantwortung für 1000 Mitarbeiter, beschrieb dann, wie er in seinem Wohnzimmer saß, vor sich hinsah und keine Ahnung hatte, welche Beschäftigung ihm gefallen könnte. »In allen Lebenslagen zu funktionieren«, das war dagegen etwas, was jeder der Betroffenen kannte und als eines seiner obersten Lebensprinzipien deklarierte.

Schein anstatt Sein

In der Psychologie existiert der Begriff des »falschen Selbst« und wird häufig im Zusammenhang mit einer narzisstischen Persönlichkeitsstruktur genannt. Gemeint ist damit, fern seiner eigentlichen Identität eine Vorstellung von sich zu entwickeln, die man vor sich und seiner Umwelt als die eigene Identität vertritt. Ursache dafür ist ein tiefes Minderwertigkeitsgefühl. Menschen mit Burnout zeigen sehr häufig solch narzisstische Züge. Ihr Leben war von mehr Schein als Sein geprägt – es wurde nicht nach der eigenen Identität, sondern vielmehr nach einer Vorstellung gelebt.

Selbstdefinition über Leistung und Anerkennung

Diese Vorstellung wurde vor dem Hintergrund der eigenen Minderwertigkeit entwickelt, mit dem Ziel, dieser zu entkommen. Aufgrund des geringen Selbstwertes lechzten die Betroffenen nach Anerkennung und waren auf der steten Suche nach Selbstbestätigung. Dies wird überwiegend über Leistung versucht – mit einer ausgeprägten Grenzenlosigkeit und Maßlosigkeit.

Die meisten der Betroffenen berichten von einem Leben der Superlative und beschreiben das atemlose Motto wie folgt: »Grenzen sind dazu da, um überschritten zu werden«, »Das Beste ist noch nicht gut genug« oder »Es geht immer noch besser«. Der geringe Selbstwert führt dabei, vor allem bei Frauen, zu einer Art Selbstlosigkeit, welche durch eine grenzenlose Versorgung anderer und grenzenloses Tun für andere gekennzeichnet ist.

Geringe Dialogfähigkeit und Harmoniesucht

Wie bereits erwähnt, besaßen alle Burnout-Betroffene nur eine geringe Dialogfähigkeit und damit verbunden eine hohe Scheu vor Konflikten. Häufig ging dies mit einer ausgeprägten Aggressionshemmung einher sowie mit der Unfähigkeit, mit Aggressionen umzugehen. Anstatt die konstruktive Auseinandersetzung zu suchen, wurden Auseinandersetzungen eher vermieden, »totgeschwiegen« oder zumindest stark heruntergespielt. Im weiteren Verlauf des Buches werden diese einzelnen Punkte erläutert und näher ausgeführt.

Burnout und der fehlende Umgang mit Emotionen

Auf sich selbst und die eigenen Gefühle zu hören, mit sich selbst in Kontakt zu treten – dies nenne ich »die innere Dialogfähigkeit«.

Jemand, der mit sich selbst nicht mehr im Dialog ist, der keinen Selbstausdruck findet, hat seine eigene Grundlage und seinen Selbstschutz verloren. Er ist wie eine tickende Zeitbombe – für sich und für seine Umwelt.

Burnout entsteht nicht über Nacht. Burnout entsteht nicht durch Überlastung. Menschen brennen aus, weil sie die Beziehung zu sich selbst und zu ihrer Umwelt verloren haben. Was jedoch verbirgt sich genau hinter diesem Beziehungsverlust? Wie und wodurch entsteht er? Gibt es Bedingungen und Verhaltensweisen, die diesen Verlust fördern oder sogar verursachen? Was davon ist maßgeblich für die Entstehung eines Burnouts? Diese Fragen möchte ich im Folgenden zu beantworten versuchen. Dazu werde ich auf unterschiedliche Phänomene eingehen, die durch den verlorenen Dialog mit sich selbst und der Umwelt entstehen und die individuell unterschiedlich stark ausgeprägt bei Menschen mit einem Burnout zu finden und maßgeblich an seiner Entstehung beteiligt sind.

Beginnen möchte ich vor diesem Hintergrund mit folgendem zentralen Thema: dem (Nicht-)Umgang mit den eigenen Emotionen. Erinnern wir uns dafür zunächst an das Modell der vier Phasen: In der Phase des Widerstands beginnt sich der Betroffene von der konfliktreichen Situation abzulenken und den vermeintlich unlösbaren Konflikt und die damit verbundenen negativen Gefühle durch unterschiedliche Aktivitäten und Mittel, die ihm ein »gutes Gefühl« verleihen, zu kompensieren. Je länger diese Phase andauert, desto größer wird die Suchtgefahr.

Es gibt unterschiedliche Möglichkeiten zu kompensieren und nicht jeder Kompensation liegt eine Sucht zugrunde, aber jede Kompensation kann zur Sucht werden und jede Sucht ist eine Kompensation. Kompensation und Ablenkung sind entscheidende Bausteine auf dem Weg in ein Burnout, deren weitere Zusammenhänge an späterer Stelle des Buches näher erläutert werden. Doch warum entscheiden sich Menschen in Konfliktsituationen für Ablenkung und Kompensation? Was veranlasst sie, in belastenden Situationen auf alles Mögliche und Unmögliche zurückzugreifen, anstatt sich mit dem auseinanderzusetzen, was sie offensichtlich stört? Haben Sie sich schon einmal gefragt, wann und warum Sie etwas kompensieren?

Jemand, der mit sich selbst nicht mehr im Dialog ist, der keinen Selbstausdruck findet, hat seine eigene Grundlage und seinen Selbstschutz verloren.

Niemand kann es lange ertragen, sich hilflos zu fühlen. Das Gefühl der Hilflosigkeit ist das Gefühl, welches das Maximum an Stress auslöst. Hilflosigkeit und Ohnmacht sind die zwei entscheidenden Emotionen, die Menschen dazu verleiten, in die Kompensation zu gehen. Betroffene berichten im Nachhinein, dass sie in dem Moment begannen, etwas zu kompensieren, in dem sie die eigene Hilflosigkeit und Ohnmacht nicht mehr ertragen konnten. Es war also nicht der Konflikt, der primär zur Kompensation führte, sondern die fehlende Möglichkeit, mit den dadurch ausgelösten Ohnmachtsgefühlen umzugehen.

Bemerkenswert war, dass sich bei den Menschen, die auf diesem Weg später ein Burnout-Syndrom entwickelten, die Ohnmacht nicht nur auf den äußeren Konflikt beschränkte, sondern sich vor allem auch auf den Umgang mit ihrer inneren Welt und den eigenen Emotionen bezog.

Dabei fühlten sich die Betroffenen nicht nur dem Gefühl der Hilflosigkeit und der Ohnmacht, sondern grundsätzlich der eigenen Gefühlswelt hilflos ausgeliefert – häufig waren es Emotionen wie Wut, Ärger und Aggressionen, deren Handhabung ihnen schwerfiel und durch die sich die meisten überfordert fühlten. So ist ein Schwerpunkt bei der Behandlung von Burnout-Patienten auch, den Umgang mit Aggressionen zu lernen und einen adäquaten Ausdruck dafür zu finden. Auffallend ist dabei immer wieder, dass die meisten Betroffenen Aggression zunächst automatisch mit Destruktion gleichsetzen. Die wenigsten erkennen anfangs, dass Aggression an sich durchaus konstruktiv sein kann, ein notwendiger Lebensimpuls ist und erst dann destruktiv wird, wenn man sie zu lange unterdrückt.

Die Unfähigkeit, angemessen mit der eigenen Gefühlswelt umzugehen, lässt neben dem äußeren Konflikt noch einen zweiten, einen inneren Konflikt entstehen, wodurch sich Druck und Anspannung massiv erhöhen. Der Betroffene kämpft nun nicht mehr nur an einer Front, der äußeren, sondern an einer zweiten, der inneren.

Dieser zweite Konflikt ist von entscheidender Bedeutung bei der Entwicklung eines Burnouts. Leider wird meist unterschätzt, welch enorme Kräfte und Energieverluste dadurch entstehen. So kam eine völlig erschöpfte Frau zu mir in Behandlung, nachdem sie über Monate eine Auseinandersetzung mit ihrer Vorgesetzten ausgefochten hatte. Aus Angst vor Versetzung versuchte sie, deren

Forderungen gerecht zu werden. Sie entschied sich zunächst, gute Miene zum offensichtlich »bösen« Spiel, dem Vorgeführtwerden, zu machen, während sie innerlich gegen ihre täglich wachsende Wut über die Demütigung ankämpfte.

Das ständige Ankämpfen gegen die eigenen Gefühle kostete die Frau immense Energie und führte neben dem Kampf in der Außenwelt schließlich zu einem endgültigen Ausbrennen.

Der innere Konflikt ist jedoch nicht nur Ausdruck des Kampfes mit den eigenen Gefühlen, er ist auch grundsätzlich Ausdruck für den Kampf gegen sich selbst. Dieser beginnt in dem Moment, in dem eine Person anfängt, gegen den eigenen Willen zu handeln. Er setzt meist in der Phase des Widerstands ein und nimmt mit jeder weiteren Phase nach der folgenden Gesetzmäßigkeit zu: Je mehr er die Front in der Außenwelt aufgibt, desto mehr muss der Betroffene gegen sich selbst in Konfrontation gehen. In der Phase des Rückzugs sind die Front gegen sich selbst und der innere Konflikt maximal – eben genauso maximal, wie sich der Betroffene von dem, was er will, und von sich selbst entfernt hat. Eine Konfliktlösung wird darunter unmöglich. Wie will sich jemand in der Außenwelt vertreten, wenn er innerlich gegen sich selbst ankämpft?

Vielleicht können Sie sich an Momente erinnern, in denen Sie gegen Ihren Willen und Ihre inneren Notwendigkeiten gehandelt haben. Welche Konsequenzen waren damit für Sie verbunden? Fakt ist: Je mehr sich eine Person gezwungen sieht, von den eigenen, für sie notwendigen Überzeugungen abzurücken, und je weiter sie dies tut, desto mehr gerät sie in einen inneren Konflikt. Dies bedeutet ein wachsendes Gefühl der Ohnmacht gegenüber dem »Gegner« ebenso wie gegenüber den eigenen Gefühlen und Bedürfnissen, die »nicht zum Zug kommen dürfen«.

In Anlehnung an das Vier-Phasen-Modell gestaltet sich der Verlauf des inneren Konflikts wie der des äußeren. Ist der Mensch zunächst sich selbst und den eigenen Gefühlen gegenüber in der »Alarmphase«, wird die Unfähigkeit, einen angemessenen Umgang und Ausdruck dafür zu finden, ihn früher oder später in den Widerstand und schließlich in den Rückzug führen. Dies äußert sich vor allem auf der Gefühlsebene in Form von einfacher Verdrängung, kann aber auch bei schwerwiegenden Konflikten für die betroffene Person bis hin zur Spaltung führen.

Die Gefühle werden aus der bewussten Wahrnehmung verdrängt oder abgespalten, sodass sie nicht mehr zu existieren scheinen. Die Konsequenz ist jedoch bitter. Mit den Gefühlen geht auch die Wahrnehmung für das, was man will und braucht, verloren – und schließlich auch die Wahrnehmung für sich selbst und seine Grenzen.

Das Verdrängen der eigenen Empfindungen führt dazu, »sich selbst zu verlieren«. So hat der Betroffene am Ende nicht nur den äußeren Dialog verloren, sondern, was meines Erachtens nach wesentlich folgenreicher ist, den inneren Dialog mit sich selbst. Meiner Erfahrung nach ist es dieser Verlust des inneren Dialogs, der am Ende ausschlaggebend für ein »Ausbrennen« ist. Es wiegt um so vieles schwerer, »mit sich selbst nicht mehr zurechtzukommen«, als »mit den äußeren Umständen nicht zurechtzukommen«.

Schwere Konflikte bis hin zu Krisen können auch über einen längeren Zeitraum bestanden und am Ende gemeistert werden, aber nur dann, wenn der innere Dialog erhalten bleibt.

Schwere Konflikte bis hin zu Krisen können auch über einen längeren Zeitraum bestanden und am Ende gemeistert werden, aber nur dann, wenn der innere Dialog erhalten bleibt.

Die oben erwähnte Frau beschrieb während ihrer Behandlung den Prozess des inneren Dialogverlusts eindrücklich: »Anfangs war ich mir meiner Wut voll bewusst und empfand sie auch als richtig. Am liebsten hätte ich meiner Vorgesetzten deren Gemeinheiten um die Ohren gehauen, aus Angst vor Versetzung entschied ich mich jedoch, meinen Ärger runterzuschlucken. Ich sagte mir, ich solle mich nicht anstellen und mich zusammenreißen, und erinnerte mich an den Spruch meines Vaters: ›Was mich nicht tötet, macht mich härter.‹ Ich hörte auf, mich aufzuregen, und begann, mich immer leerer zu fühlen, bis ich am Ende nichts mehr fühlte – außer einer extremen körperlichen Erschöpfung, so, als hätte man mir den Stecker gezogen.«

Ist der verlorene Dialog mit sich selbst der entscheidende Punkt bei der Entstehung von Burnout?

Der Rückzug von sich selbst und der eigenen Gefühlswelt führt zu der endgültigen Besiegelung des nun beginnenden Rückzugs und lässt jegliche Konfliktlösung unmöglich werden: Den Dialog mit sich selbst verloren zu haben, bedeutet, das Fundament für Konfliktklärung und Stressbewältigung verloren zu haben. Gegen sich selbst Front zu machen, sich selbst zu unterdrücken, heißt, sich selbst nicht mehr auf Augenhöhe zu begegnen. Das führt zu einem massiven Gefühl der Minderwertigkeit. Wie will ich auf dieser Grundlage einen Konflikt lösen? Wie will ich dem Gegenüber auf Augenhöhe begegnen, wenn ich mir selbst nicht mehr auf Augenhöhe begegnen kann? Wie in der Außenwelt einen Dialog führen, wenn ich den Dialog zu mir selbst abgebrochen habe?

Menschen mit Burnout haben kein Ventil

Ein entscheidender Baustein auf dem Weg zum Burnout ist die Unfähigkeit, mit den eigenen Gefühlen umzugehen und diese zu äußern. Stattdessen werden sie unterdrückt. Gefühle zu ignorieren und den inneren Dialog abzubrechen, ist ein sicherer Weg in das frühere oder spätere eigene Aus.

Jeder, der sich einmal in der Phase des Rückzugs befunden hat, weiß, dass der innere Rückzug zu keiner Entlastung führt – im Gegenteil, durch ihn steigen der Druck und die innere Anspannung massiv an. Wenn der Betroffene sich für den Rückzug entschieden hat, so hat er sich gegen eine Auseinandersetzung mit seinen Gefühlen und damit gegen deren Auflösung entschieden. Anstatt das, was ist, zu verarbeiten, belässt er das innere Feld des Ärgers, der Enttäuschung, der Verletzung, der Wut, der Scham, der Traurigkeit so, wie es ist, und beginnt, es zu ignorieren. So kann dieses Feld ungehindert weiter vor sich hin »dampfen«, was durch den ungeklärten äußeren Konflikt stetig verstärkt wird. Jede neue Anforderung der Vorgesetzten, jede Stichelei des Partners, jede zweideutige Bemerkung oder Verhaltensweise fällt auf fruchtbaren inneren Boden und beginnt dort zu wachsen, während der Betroffene weiter »schluckt und schluckt« und verdrängt.

Bildlich gesprochen verhalten sich Menschen auf dem Weg zum Burnout wie jemand, der unaufhaltsam Luft in einen Reifen pumpt, ohne das Ventil auch dafür zu nutzen, Luft aus dem Reifen zu lassen.

Bildlich gesprochen verhalten sich Menschen auf dem Weg zum Burnout wie jemand, der unaufhaltsam Luft in einen Reifen pumpt, ohne das Ventil auch dafür zu nutzen, Luft aus dem Reifen zu lassen. Dass dies früher oder später zum großen Knall führt, ist selbstverständlich. Allerdings gibt es im Fall der Burnout-Betroffenen einen Unterschied: Während der Reifen explodiert, tun sie das Gegenteil: Menschen mit Burnout explodieren nicht, sondern sie implodieren.

Die Folgen sind nicht weniger dramatisch: Stellen Sie sich eine Umgebung nach einer Explosion vor und übertragen Sie das Bild auf das Innere eines Menschen. So sieht es in denjenigen aus, die implodiert sind. Dass dies von den Betroffenen so erlebt wird, »als hätte man ihnen den Stecker gezogen«, ist vor diesem Hintergrund ebenso nachvollziehbar, wie es verständlich ist, dass es viel Zeit braucht, um aus diesem Zustand wieder herauszukommen. Ist erst einmal alles zusammengebrochen und liegt in Schutt und Asche, müssen nicht nur die Trümmer weggeräumt werden, sondern es muss auch wiederaufgebaut werden.

Die eigene Gefühlswelt – eine unbekannte Größe

Die Schwierigkeit, einen Ausdruck und Umgang mit den eigenen Emotionen zu finden, steht bei Burnout-Erkrankten im Vordergrund. Hierbei handelt es sich allerdings nicht nur um ein fehlendes Ventil, sondern sehr häufig auch um eine grundlegende Unfähigkeit, die eigenen Gefühle und Empfindungen überhaupt wahrzunehmen. Jeder zweite Burnout-Erkrankte, der in meine Praxis kommt, antwortet auf die Frage, wie er mit Gefühlen umgeht, dass er kein Gefühlsmensch, sondern ein rationaler Mensch sei.

Jeder zweite Burnout-Erkrankte, der in meine Praxis kommt, antwortet auf die Frage, wie er mit Gefühlen umgeht, dass er kein Gefühlsmensch, sondern ein rationaler Mensch sei.

Dass diese ebenso verständliche wie absurde Selbstauskunft die Grundlage der eigenen Burnout-Erkrankung ist, erkennen viele erst im Laufe der Behandlung. Zunächst erscheint diese eigene Überzeugung normal. Man kennt es nicht anders. Man ist gewohnt, scheinbar nur aus Kopf zu bestehen.

Die Gewissheit, alles erfolgreich mit dem Willen lenken und bestimmen zu können, steht bei den Betroffenen an erster Stelle. Dass dies ein fataler Fehler ist, zeigt sich häufig erst dann, wenn es schon zu spät ist – und wenn die lang unterdrückten Gefühle, die häufig in Form von massiven Körpersymptomen hervorbrechen, ihren Tribut fordern. Manche Menschen mit Burnout haben – häufig schon von frühester Kindheit an – Mechanismen entwickelt, Gefühle sofort zu unterdrücken, sodass diese für sie bewusst nicht mehr wahrnehmbar sind. Sie haben »das Gefühl für das Gefühl«, das Gefühl für sich selbst und die eigenen Notwendigkeiten verloren. Während einige Betroffene den Dialog zu sich selbst auf dem Weg in ein Burnout verlieren, so haben diese Menschen gar nicht erst gelernt, was es überhaupt heißt, mit sich in den Dialog zu treten. Als Analphabeten ihrer selbst vertreten sie »selbstbewusst« die vor diesem Hintergrund verständliche Überzeugung, ein »Kopfmensch« zu sein. Die Gewissheit, dass der Kopf das Maß aller Dinge ist, und die Überzeugung, dass »nicht fühlen« »gut gehen« bedeutet, gilt als roter Leitfaden für die eigenen Lebenshandlungen. Dabei gilt für das eigene Leben die gängige Schlussfolgerung »Weil ich nichts fühle, ist alles in Ordnung«, die bis zum bitteren Ende verteidigt wird. Wie gefährlich dieser Trugschluss ist, kann an einem einfachen Beispiel aus der somatischen Medizin verdeutlicht werden. Die Anästhesie hat die Möglichkeit, durch Betäubung der Nervenbahnen das Schmerzempfinden vollkommen auszuschalten. Sie können also unter massiven Verletzungen leiden, ohne diese wahrzunehmen. Eine große Anzahl von Menschen hat auf dem Weg zum Burnout den Zugang zu ihren Gefühlen »ausgeschaltet«. Diese Menschen befinden sich unter einer Art »Daueranästhesie ihrer Gefühlswelt« und verhalten sich nicht anders als jemand, der nach einem Beinbruch unter Betäubung meint, nur weil er keine Schmerzen habe, sei sein Bein auch nicht gebrochen und er könne munter einen Marathon laufen.

Nicht zu fühlen, wie man sich fühlt, bedeutet den Verlust eines lebenswichtigen Regulativs. Das gesunde Maß für sich selbst und die Dinge geht verloren. Gefährliche Grenzenlosigkeit hält Einzug und bestimmt das eigene atemlose Handeln. Während sich jeder darüber im Klaren ist, welche Konsequenzen es hat, ein gebrochenes Bein weiter voll zu belasten, ist die Ignoranz, mit welcher Burnout-Betroffene über sich selbst hinweggehen, bemerkenswert. Sich »nicht zu fühlen« wird zum Freifahrtschein in einem vermeintlich grenzenlosen Leben, in dem alles und immer mehr möglich sein muss.

Bis zum bitteren Ende

Die Verdrängung ist häufig so unerbittlich und so massiv, dass sich die unterdrückten Emotionen irgendwann ihr Ventil suchen. Nachdem sie selbst nicht als Ventil dienen dürfen, suchen sie sich ein anderes: den Körper. In 80 Prozent der Fälle wurde von den betreffenden Personen überhaupt das erste Mal wahrgenommen, »dass etwas nicht stimmte«, als die ersten Körpersymptome auftraten: Schwindel, Herzrhythmusstörungen, Tinnitus, unerklärliche Schmerzen, Ohnmachtserscheinungen. Gemeinsam ist allen das eine: Sie stoppen den Betroffenen das erste Mal in seiner Grenzenlosigkeit.

Die Körpersymptomatik jedoch in Verbindung mit dem eigenen Lebensstil zu bringen, sie als Ausdruck dessen, was nicht gefühlt werden durfte, zu verstehen, geschieht in den wenigsten Fällen. Im Gegenteil: Weiterhin weit von sich und der eigenen

Gefühlswelt entfernt, wird nun nach dem Grund der Störung gesucht. Meistens dort, wo sie zutage tritt.

Es braucht manchmal Monate, bis die Betroffenen bereit sind, die Ursachen der körperlichen Symptomatik auf der psychischen Ebene zu sehen. Häufig erst dann, wenn die zahllosen Arztbesuche und körperlichen Untersuchungen keinen Befund ergeben und sich die Symptomatik stetig verschlechtert. So ist es eine bittere Realität, dass die meisten erst nach einer langen Odyssee von Arzt zu Arzt und erst in einem Zustand, in dem »gar nichts mehr geht«, eine psychotherapeutische Behandlung suchen. Selbst dann ist es jedoch in vielen Fällen noch eine große Herausforderung zu akzeptieren, dass nicht der Körper die Ursache des Leidens ist, sondern die eigene Lebensgestaltung und der falsche Umgang mit sich selbst.

Von Todesangst und anderen Körpersymptomen

Es ist immer wieder bemerkenswert, wie massiv die körperlichen Symptome sind, unter denen Menschen mit Burnout leiden. Schwerste Körpersymptome treten auf, wo jegliche körperliche Untersuchung keinen Befund ergibt, Symptome, welche die Betroffenen häufig an den »Rand des Wahnsinns« bringen. So empfindet der eine alle Symptome eines Herzinfarkts, der andere heftigste, manchmal wandernde Schmerzen oder plötzliche und unkontrollierbare Schwindelanfälle bis hin zu Ohnmachtsanfällen – die Palette der Symptome ist unerschöpflich. Eines ist jedoch immer gleich, und das sind die damit verbundenen Gefühle: (Todes-)Angst, Panik und Verzweiflung. Viele berichten, in diesen Momenten jegliche Kontrolle verloren zu haben, und beschreiben sich häufig nur noch als stummen, verzweifelten Zuschauer einer

Raserei des eigenen Körpers, einer Raserei, die in einem selbst stattfindet und der man ohnmächtig ausgeliefert ist.

Das Umfeld und manch behandelnder Kollege somatischer Krankheiten stehen diesem Zustand häufig hilflos gegenüber. Entweder gibt es überhaupt keinen organischen Befund und der Betroffene ist körperlich vollkommen gesund, oder aber die organische Ursache rechtfertigt nicht das Ausmaß der empfundenen und geäußerten Beschwerden. Doch wie kann diese auffällige Massivität der Symptome erklärt werden?

> ***Es ist immer wieder bemerkenswert, wie massiv die körperlichen Symptome sind, unter denen Menschen mit Burnout leiden.***

Jeder, der in seinem Leben einmal eine strenge, unausgewogene Diät gemacht oder sich über einen längeren Zeitraum restriktiv ernährt hat, kennt folgendes Phänomen: Es wird von Tag zu Tag mühsamer, die Restriktionen durchzuhalten. Der Hunger wächst und der Unwille steigt. Irgendwann ist der Hunger so groß, dass er die Betroffenen in Form von unkontrollierbaren Heißhungerattacken überfällt, die schließlich nicht nur zum Ende der Diät, sondern häufig sogar zu einer zusätzlichen Gewichtszunahme führen. Das, was durch ein Extrem vermieden werden sollte, hält am Ende als ein anderes Extrem wieder Einzug. Dass sich alles Unterdrückte irgendwann seinen Weg sucht, um auf seine Kosten zu kommen, ist geltender Grundsatz eines jeden Systems. Jede Unterdrückung führt früher oder später zum Aufstand. Je rigider die vorangegangene Tyrannei war, desto heftiger und unkontrollierbarer ist die anschließende Rebellion. Das (Aus-)Maß dieser Rebellion ist dann nur selten den notwendigen Bedürfnissen geschuldet, sondern vielmehr dem Ausmaß der jeweiligen vorangegangenen Unterdrückung. Jedes Extrem rächt sich durch ein neues Extrem.

In politischen Systemen gehen die Unterdrückten früher oder später auf die Straße und stürzen das Regime. Während jeder nachvollziehen kann, was Unterdrückung und Tyrannei durch andere für Konsequenzen haben, so scheint dies für den Umgang mit sich selbst nicht zu gelten. Wann wird es so weit sein, dass wir Menschen uns auch im Bereich der persönlichen Lebensführung zu fragen beginnen, was für ein Regime wir mit uns selbst führen, anstatt nur die negativen Konsequenzen verwundert zur Kenntnis zu nehmen?

Verstand und Gefühl sind zwei elementare Züge des Menschen. Ihr Gleichgewicht ist Grundlage und Voraussetzung für seine Gesundheit. Nur wenn Verstand und Gefühl im Dialog sind und ihren gleichberechtigten, persönlichen Ausdruck finden, ist gesundes Leben möglich. Wird jedoch ein Bereich auf Kosten des anderen verdrängt, führt dies zwangsläufig zu einem Ungleichgewicht. Die Konsequenz liegt nicht nur in einer einseitigen, von Mangel geprägten und »unmenschlichen« Lebensgestaltung, sondern vor allem in der damit verbundenen Gefahr, dass alle durch Unterdrückung entstandenen Extreme im Leben früher oder später ihren Tribut in Gestalt eines anderen Extrems fordern.

Verstand und Gefühl sind zwei elementare Züge des Menschen. Ihr Gleichgewicht ist Grundlage und Voraussetzung für seine Gesundheit.

Ein sicherer Weg, um auszubrennen? Unterdrücken Sie Ihre Gefühle und bleiben Sie ein »rationaler« Mensch.

Burnout und Kompensation

Die Welt wird nicht dadurch besser, dass wir uns die Hand vor die Augen halten.

Im folgenden Kapitel möchte ich nun näher auf einen bereits erwähnten Punkt eingehen, welcher ebenfalls einen entscheidenden Faktor auf dem Weg in ein Burnout darstellt. Er gehört bei den meisten Menschen zum Alltag, beginnt unauffällig, bleibt häufig lange Zeit unbemerkt und wird vielleicht auch deswegen in seiner Konsequenz so häufig unterschätzt: die Kompensation. Kompensation findet überall dort statt, wo echte Lösungen vermieden werden und wo versucht wird, eine instabile Situation vermeintlich zu stabilisieren. Erinnern wir uns an den Beginn des vorherigen Kapitels, in dem erläutert wurde, dass der größte Stress für Menschen das Gefühl der Hilflosigkeit ist. Das Gefühl, sich den inneren oder äußeren Realitäten nicht gewachsen zu fühlen, kennt jeder von uns. Doch nicht jeder brennt darüber aus. Wo also liegt der Unterschied? Das Gefühl der Hilflosigkeit ruft bei Menschen mit einem späteren Burnout nicht den Impuls der Klärung, sondern den Impuls der Kompensation hervor. Sie geben dem

Impuls der Verdrängung wesentlich häufiger und selbstverständlicher nach als dem Impuls der lösenden Auseinandersetzung und Veränderung. Sich abzulenken und sich etwas Gutes zu tun, um das Ungute zu vergessen, ist nicht nur bei Burnout-Betroffenen ein ebenso verständliches wie trügerisches Mittel: Egal, wie gut Sie es sich gehen lassen, das Ungute wird dadurch nicht weniger ungut – im Gegenteil. Mag sich der Konflikt mit Ihrem Chef zwar nach einem Glas Wein oder einer Runde Jogging um den Block ganz anders anfühlen – er bleibt doch derselbe.

Der Konflikt mit Ihrem Ehepartner löst sich nicht, indem Sie sich in Arbeit oder Affären flüchten, Ihr Selbstbewusstsein wächst nicht, indem Sie »es« sich immer wieder, wo auch immer, beweisen müssen, Ihre Minderwertigkeit vergeht weder durch berufliche noch durch sportliche Höchstleistungen, Ihre Selbstunsicherheit nicht durch ein »dickes« Bankkonto und die Leere in Ihnen löst sich weder durch viel lärmende Aktivitäten im Außen auf noch durch den Kick, immer neue Risiken einzugehen. Das, was ist, ist und bleibt so lange, bis *Sie* es an der richtigen Stelle lösen. Und mehr noch: Je länger Sie eine Klärung vermeiden, desto länger gärt das Unklare, der eigentliche Konflikt verschärft sich und die Gefahr von weiteren (Schein-)Konflikten nimmt zu.

Während jeder weiß, dass es keine Lösung ist, rote Zahlen schwarz zu übermalen, und sich die meisten auch dementsprechend verhalten, weil sie ihre betriebswirtschaftliche Gesundheit nicht gefährden wollen, scheint diese Regel für die persönliche Lebensgestaltung und Gesundheit leider nur selten zu gelten.

Während jeder weiß, dass es keine Lösung ist, rote Zahlen schwarz zu übermalen, und sich die meisten auch dementsprechend verhalten, weil sie ihre betriebswirtschaftliche Gesundheit nicht gefährden wollen, scheint diese Regel für die persönliche Lebensgestaltung und Gesundheit leider nur selten zu gelten. Zumindest nicht für diejenigen, die in ihrem Leben ausbrennen. Hier gilt meist bis zum bitteren Ende die Verschleierungstaktik anstatt der Auseinandersetzung. Obwohl keiner der Betroffenen sich mit geschlossenen Augen auf eine viel befahrene Autobahn stellen würde – nach dem Motto »Nur weil ich nicht hinsehe, ist alles gut und mir passiert nichts« –, hatte sich jeder von ihnen für genau diese Taktik in seiner eigenen Lebensgestaltung entschieden. Dabei war den wenigsten bewusst, dass eine Kompensation immer zur Schwächung der eigenen Person führt.

Die meisten spielten das Thema Kompensation herunter. »Ich wusste zwar, dass ich mich in gewissem Sinn beruhigte, habe es aber als keine große Sache empfunden. Ich habe mich ja nicht völlig betrunken, sondern das Glas Wein genossen. Ich wollte mir einfach etwas Gutes tun.« So beschrieb die Geschäftsführerin eines mittelständischen Unternehmens ihre Situation während einer Firmenübernahme. »Natürlich war mir irgendwo auch bewusst, dass ich mich irgendwie betäube, auch wenn ich es vielleicht damals nicht so hart ausgedrückt hätte, aber ich konnte nicht anders. Vielleicht auch, weil mir gar nicht klar war, dass ich mir mit jedem Glas Wein am Abend meine eigene Hilflosigkeit bestätigte und meine vermeintliche Ohnmacht weiter besiegelte«, erklärte ein 41-jähriger Anwalt, der einen für ihn unlösbaren Konflikt mit einem Partner und die gleichzeitige Scheidung von der Ehefrau durch Alkohol zu kompensieren suchte, während er im Außen so wie immer weitermachte und darüber zunehmend ausbrannte. »Mein Selbstbewusstsein ging immer mehr in den Keller«, berichtete eine 45 Jahre alte Managerin, »es erschien mir immer unmöglicher, den Konflikt mit meinem Kollegen lösen zu können, ebenso wie ich mich auch in anderen Situationen mit Freunden viel schneller angegriffen fühlte. Dies fiel mir lange Zeit jedoch nicht auf, weil ich es sofort mit noch mehr Arbeit und noch mehr Leistung zu kompensieren versuchte. Am Ende war ich wie ein Hamster im Laufrad der Minderwertigkeit und Ohnmacht.«

Gleichgültig, welche Art der Kompensation Sie wählen, die Entscheidung für die Kompensation bedeutet immer das resignative Eingeständnis der eigenen Hilflosigkeit und Machtlosigkeit. Wie häufig die Überzeugung der eigenen Ohnmacht jedoch aufgrund innerer Realitäten entsteht, wie häufig eine vermeintlich unlösbare Situation durch beharrliche Auseinandersetzung doch noch gelöst werden kann, all diese Tatsachen und Möglichkeiten werden in dem Moment der Kompensation bedeutungslos. Sie berauben sich so echter Lösungsmöglichkeiten und demontieren sich zusätzlich in Ihrem Selbstwert und Selbstbewusstsein. Mit der Entscheidung für die Kompensation sprechen Sie sich die Kompetenz zur Situationsbewältigung und Lösung ab. Gleichzeitig führt die Schwächung des eigenen Selbstwertes zu einer Schwächung der Konflikt- und Dialogfähigkeit. Viele Betroffene berichteten, dass sie sich nach einiger Zeit auch in anderen Situationen immer weniger Auseinandersetzungen zutrauten, und begannen, diese zu vermeiden. Dies führte immer mehr zu inneren Rückzügen und darüber entstehenden Konflikten in den anderen Lebensbereichen.

Wenn die Kompensation zur Sucht wird: das Glas Wein am Abend und andere Kompensationsmechanismen

Eine Kompensation kann schnell zur Gewohnheit werden – und dass aus einer Gewohnheit eine Sucht werden kann, ist auch bekannt. Jede Kompensation ist endlich und das Ende ist immer absehbar.

Natürlich ist es zunächst entlastend, nach einem angespannten Arbeitstag mit einem Glas Wein »runterzukommen« oder sich durch Genussmittel unterschiedlicher Art »ruhig« zu halten – die Entlastung führt jedoch früher oder später zur Belastung, je länger die eigentliche Konfliktlösung vermieden wird.

Wird die Lösung eines belastenden Konflikts über lange Zeit vermieden und stattdessen immer mehr Energie in dessen Kompensation gesteckt, kommt irgendwann der Moment, in welchem die Kompensation zur Sucht wird. Sucht ist durch ein zentrales Merkmal gekennzeichnet: Ich kann nicht davon lassen. Die Häufigkeit ist hierbei nicht das zentrale Kriterium, sondern zeigt nur den Ausprägungsgrad der Sucht. Der anfänglich beruhigende Effekt schlägt um und bekommt zwanghafte Züge.

Was für eine zusätzliche Belastung dies für den Betroffenen und sein Umfeld darstellt, wissen vor allem diejenigen, die selbst betroffen waren. Nicht selten führte die Dekompensation der Kompensation und die Eskalation der Sucht zu weiteren Konflikten, die »als letzte Tropfen das volle Fass zum Überlaufen brachten« und die Betroffenen endgültig ausbrennen ließen. Lassen Sie mich dies anhand eines Beispiels verdeutlichen: Ein 42 Jahre alter Manager befand sich in einem Konflikt mit einer ihm um eine Ebene übergeordneten Führungskraft. Dieser Konflikt äußerte sich in tagtäglichen Erniedrigungen und Demütigungen durch sarkastische oder ironische Bemerkungen des Vorgesetzten, mit denen er die fachliche Kompetenz des Managers vor versammeltem Kollegium immer wieder infrage stellte. Der Vorgesetzte war als Choleriker bekannt und von dem Manager gefürchtet. In der Überzeugung, dass eine Klärung nicht möglich sei, begann er, Sport zu treiben.

»Ich musste irgendetwas tun, um diesen Druck loszuwerden«, erklärte er, »aber ich hatte Angst, Herrn T. zur Rede zu stellen, weil ich befürchtete, dass das Ganze dann noch schlimmer werden würde. Also habe ich angefangen zu laufen. Zunächst zweimal die Woche.« Dabei blieb es jedoch nicht. Mit wachsenden Demütigungen des Vorgesetzten wuchs die Frequenz der Joggingeinheiten. Innerhalb von zwei Monaten lief er bereits jeden Tag und beschloss, für einen Marathon zu trainieren. »Mich hat der Sport unglaublich entlastet. Ich habe mich fit, leistungsfähig und kraftvoll gefühlt«, beschrieb er. Am Arbeitsplatz jedoch blieb alles beim Alten. Demütigungen waren an der Tagesordnung, ebenso wie das Schweigen des Managers während seiner öffentlichen »Hinrichtungen«. Dafür wurde der Sport immer mehr zu seinem Lebensmittelpunkt. Als Führungskraft zeitlich stark eingebunden, wurde die wenige freie Zeit ganz vom Sport beansprucht. Die Partnerin begann, sich zurückgesetzt zu fühlen, soziale Kontakte wurden weniger gepflegt, Freundschaften wurden rarer. Es kam zu Auseinandersetzungen in der Partnerschaft, in denen der Mann seine Aktivität gekränkt verteidigte. »Ich fühlte mich von meiner Frau vollkommen unverstanden. Ich hatte das Gefühl, irgendwann wohl auch das Recht zu haben, endlich mal auf meine Kosten zu kommen und etwas für mich zu machen. Ich hatte schon einen nervigen Vorgesetzten, nun auch noch eine nörgelnde Ehefrau.«

Was für eine Bedeutung das tägliche Laufen mittlerweile für ihn bekommen hatte, was eigentlich dahintersteckte, dies ahnten weder er noch seine Partnerin. Um sich die eigene Stärke und Größe zu beweisen, die ihm am Arbeitsplatz – und mittlerweile auch in der Partnerschaft – täglich abgesprochen wurde, rannte der Mann weiter »um sein Leben« und begann, zusätzlich für einen Triathlon zu trainieren.

Die ganze Situation eskalierte – in diesem Fall durch eine Affäre der Partnerin. Es kam zur Trennung, der Mann fühlte sich von Gott und der Welt verlassen und kompensierte die Situation durch die Steigerung seines sportlichen Engagements und die Teilnahmen an internationalen Wettkämpfen. Das Ganze ging so lange gut, bis ein komplizierter Meniskusriss ihn zurück »auf den Boden der Tatsachen« und ein Burnout ihn in die Klinik brachte.

Nun soll dies kein Plädoyer gegen Sport sein – im Gegenteil, körperliche Fitness und Leistungsfähigkeit sind, wie in dem Käfermodell zu sehen, zentrale und wichtige Punkte der sechs Lebensbereiche, und natürlich ist es vollkommen in Ordnung, Anspannung durch sportliche Aktivitäten unterstützend zu regulieren. Allerdings ersetzt dies niemals die Notwendigkeit, sich einer Auseinandersetzung zu stellen – in diesem Fall mit dem Vorgesetzten, mit der Ehefrau und am Ende mit den eigenen Ansprüchen. Das Beispiel zeigt stellvertretend die klassische Entstehung eines Burnout-Syndroms. Burnout entsteht niemals über Nacht, sondern dann, wenn eine Belastung vom Betroffenen nicht mehr kompensiert werden kann und zum Zusammenbruch führt. Es ist wie bei einem Fass, das durch den letzten Tropfen zum Überlaufen gebracht wird.

Wehret den Anfängen!

Wie schwer es ist, Gewohnheiten zu verändern, zeigen nicht nur die alltäglichen Praxiserfahrungen, sondern auch die Ergebnisse der Hirnforschung. Gerald Hüther beschreibt in seinem Buch *Biologie der Angst*, dass Gewohnheiten wie festgetretene Pfade im Gehirn sind, die unmittelbar auf einen bestimmten Reiz abgerufen werden und dies umso unbewusster geschieht, je größer die Gewohnheit ist.

Je selbstverständlicher Sie also Dinge tun, umso weniger bewusst nehmen Sie diese wahr. Dies gilt auch für die Ablenkung und Vermeidung. Irgendwann werden Sie es nicht mehr »merken«, wenn Sie zur Zigarette greifen oder sich ein Glas Wein einschenken beziehungsweise die eine oder die andere Handlung wählen, um Konflikte und unangenehme Gefühle zu verdrängen.

Irgendwann ist die Ablenkung selbstverständlich geworden – meistens innerhalb kürzester Zeit. Sich von diesem »Selbstverständnis« wieder zu befreien, ist weder selbstverständlich noch leicht. Im Gegensatz zu der »Leichtigkeit des Seins« auf dem Weg in die Gewohnheit ist der Weg aus der Gewohnheit heraus anstrengend und mühselig, umso mehr, wenn sie bereits zur Sucht geworden ist.

Den meisten wird überhaupt erst bewusst, dass sie mittlerweile süchtig geworden sind, wenn sie die vermeintliche Gewohnheit aufgeben wollen. »Wenn ich mir überlege, wie viel Energie ich jetzt dazu aufwenden muss abzunehmen, auf den Alkohol und übermäßiges Essen zu verzichten und meine Abende anders zu gestalten«, sagte ein 42-jähriger Manager, der die einsamen Hotelabende und anstrengenden Arbeitstage durch Alkohol kompensierte, »dann hätte ich sicherlich weniger Anstrengung aufbringen müssen, wenn ich mich dem Konflikt mit meinem Vorgesetzten gestellt und weniger Reisetage verlangt hätte. Alternativ hätte ich mich auch damit abfinden können, dass mein Job mit hoher Reisetätigkeit verbunden ist – anstatt im Außen einzuwilligen und innerlich dagegen anzukämpfen. Hätte ich mich von Anfang an darum gekümmert, wie ich mit diesen Anstrengungen hätte zurechtkommen können, dann wäre ich nicht nur gesünder geblieben, sondern hätte auch nur halb so viel Energie gebraucht, wie ich jetzt verbrauche.«

Dass der Weg der Vermeidung und Ablenkung der leichtere ist, entpuppt sich früher oder später immer als Täuschung.

Dass der Weg der Vermeidung und Ablenkung der leichtere ist, entpuppt sich früher oder später immer als Täuschung. Auch wenn es im ersten Moment um so vieles anstrengender erscheint, den äußeren und inneren Dialog zu suchen und eine Lösung zu finden, am Ende bedeutet es für den Betroffenen deutlich weniger Aufwand und Reibungsverlust als der vergebliche Versuch, die

Störung über die Kompensation lösen zu wollen. Vielleicht denken Sie daran, wenn Sie das nächste Mal vor der Frage »Lenke ich mich von dem ab, was mich stört, und mache gute Miene zum bösen Spiel – oder stelle ich mich der Situation und suche nach einer konstruktiven Lösungsmöglichkeit?« stehen.

Tatsache ist: Kompensation ist keine Lösung

Es gibt einen zentralen Leitsatz, den Ruth Cohn geprägt hat: »Störungen haben immer Vorrang.« Jede Störung rächt sich, wenn sie nicht gelöst wird. Je länger Sie warten, desto größer wird am Ende die Rache sein. Wie bereits erwähnt, werden rote Zahlen weder von alleine wieder schwarz noch dadurch, dass man sie schwarz übermalt. Eine Kränkung wird nicht geringer, wenn man woanders Anerkennung sucht. Eine Enttäuschung nicht kleiner durch eine Tafel Schokolade. Das fehlende Gute in der Partnerschaft ist nicht durch das Gute eines Glases Wein oder einer Affäre zu ersetzen. Verleugnung hat noch nie zum Erfolg geführt. Die Tatsache bleibt. Kompensation ist eine Oberflächenberuhigung, die nie zur Lösung, sondern früher oder später immer zur Dekompensation der zu kompensierenden Situation und der nicht handelnden Person führt.

Was bedeutet dies für die Aufrechterhaltung der eigenen Gesundheit?

Jeder, der sich vor Burnout schützen will, muss wissen, dass niemand sowohl innere als auch äußere Realitäten über längere Zeit verleugnend kompensieren kann, ohne unter negativen Konsequenzen zu leiden. Gilt für die Behandlung von Ängsten der Grundsatz »Der Weg aus der Angst führt durch die Angst«, gilt für die Bewältigung eines Burnout-Syndroms: »Der Weg aus dem Burnout führt zurück in den Dialog.« Häufig bedeutet dies zusätzlich den Weg aus der Sucht und Kompensation. Hierfür wiederum gilt: »Der Weg aus der Kompensation und Sucht führt durch den Konflikt.«

Der Weg aus dem Burnout: den Dialog suchen, anstatt zu kompensieren

Grundvoraussetzung für Heilung ebenso wie für Prävention bleibt, sich den Realitäten zu stellen und einen angemessenen Umgang mit ihnen zu suchen und zu finden. Dazu gehört die unbedingte Bereitschaft, sich nicht nur mit den äußeren, sondern auch mit seinen inneren Realitäten auseinanderzusetzen, und die Aneignung der Fähigkeit, zwischen diesen beiden Welten zu unterscheiden. Damit weder die eigene Person noch das System, in dem man sich befindet, ausbrennen, ist stetige Bereitwilligkeit erforderlich, die Konsequenz und den Mut zu haben, Störungen rechtzeitig zu erkennen und aufzugreifen, auch dann, wenn es auf den ersten Blick keine Lösung zu geben scheint. Es erfordert die Disziplin, sich über Unstimmigkeiten weder zu vertrösten und abzulenken noch diese vor sich herzuschieben, sondern das, was ist, rechtzeitig und unermüdlich so lange beim Namen zu nennen, bis es geklärt ist.

Das große Aber

Nun gibt es sicherlich viele unter Ihnen, die sich die Frage stellen werden, ob es realistisch sei, ein Leben ohne Kompensation zu führen. »Kompensiert nicht jeder?«, werden Sie vielleicht fragen. Was ist mit der Sublimation? Können Ablenkungen nicht auch entlastend sein? Natürlich kompensiert (fast) jeder – doch ist die Masse der Maßstab für das Richtige? Natürlich können Ablenkungen entlastend sein, der Grat zur Belastung ist jedoch schmal. Wenn die Ablenkung als vermeintliche Konfliktlösung missverstanden oder zum Verdrängen des Konflikts eingesetzt wird, verursacht das, was im ersten Moment als entlastend erlebt wird, früher oder später eine wesentlich höhere Belastung, als der ursprüngliche Konflikt es jemals getan hätte: Die Entlastung wird dann zur Belastung, wenn sich der schwelende Konflikt durch die Verdrängung verschärft hat und weitere Konflikte entstanden sind. Sie wird in dem Moment zur Belastung, wenn die Ablenkung selbst zu einem Konflikt für den Betroffenen geworden ist – weil sie seine Gesundheit schädigt oder weil sie ihn in einer Art und Weise beansprucht, die sich wiederum auf seine anderen Lebensbereiche negativ auswirkt. Ebenso wie sie zur Belastung wird, weil sich die betroffene Person durch die Ablenkung automatisch in ihrem Selbstbewusstsein schwächt. Dies zu wissen und dementsprechend zu handeln, wäre empfehlenswert.

Solange die Ablenkung jedoch nicht zur Gewohnheit wird und nicht dazu führt, dass die eigentliche Störung aus den Augen verloren wird, solange sie im Sinne einer kurzen »Auszeit« genutzt wird, um Abstand zu gewinnen, und Ihnen hilft, sich wieder auf sich selbst und das Wesentliche zu besinnen, so lange kann sie hilfreich sein. Wenn Sie also kompensieren, dann tun Sie dies bewusst.

Verlieren Sie dabei nicht die eigentliche Störung aus den Augen und sorgen Sie für gesunde Möglichkeiten, damit die Kompensation nicht doch zu einem zusätzlichen gesundheitlichen oder gesellschaftlichen Problem oder zu einem Problem für Ihr Umfeld wird.

Burnout und Narzissmus

Wir versuchen, uns überall zu finden – nur nicht in uns selbst.
Wäre es nicht höchste Zeit, dies zu ändern?

Es ist eine Tatsache, dass Menschen, die ausgebrannt sind, lange Zeit über ihre Grenzen gegangen sind. Die Erklärung wird in einem hohen Leistungsanspruch gesehen und die gängigen Behandlungen bestehen in der Empfehlung *»Ziehen Sie Grenzen!«*. Verständlich, doch häufig vergeblich. Was ist die Ursache dafür? Warum gelingt es nur wenigen, rechtzeitig »Stopp« zu sagen, obwohl alle rational wissen, dass dies notwendig ist? Was veranlasst Menschen, nach immer größeren Herausforderungen zu suchen? Was verbirgt sich hinter dem Anspruch auf Leistung und Perfektion?

Grundlage für ein zufriedenes und gesundes Leben ist ein ausreichender Selbstwert. Sich selbst etwas wert zu sein, beinhaltet die Fähigkeit, »mit sich im Dialog, mit sich in Beziehung zu sein« und auf dieser Basis Tag für Tag für eine wesensgemäße und gesunde Lebensgestaltung zu sorgen. Sich selbst etwas wert zu sein und die Fähigkeit zum inneren Dialog sind wesentliche Grundlagen für ein gesundes Leben, ein Fundament, das in den ersten Jahren eines Menschen gelegt wird. Dabei sind es nicht einzelne Situationen, die uns in unserem Selbstwert prägen, sondern es ist die tägliche Atmosphäre, in der wir als Kind aufwachsen.

Hierbei stehen vor allem unsere Beziehungserfahrungen im Vordergrund. Diese sind entscheidend dafür, wie wir später mit uns selbst, mit unserer Umwelt und mit dem Leben umgehen. Vereinfacht bedeutet dies: Aus der Art und Weise, wie meine Bezugspersonen mit mir, mit sich selbst und miteinander umgegangen sind, daraus lerne ich meinen Umgang mit mir und mit anderen.

Aus der Art und Weise, wie meine Bezugspersonen mit mir, mit sich selbst und miteinander umgegangen sind, daraus lerne ich meinen Umgang mit mir und mit anderen.

Das Verhalten der Bezugspersonen ist von Beginn an Grundlage für die eigene Werterfahrung und das Verhalten sich selbst gegenüber. Für einen gesunden Selbstwert gibt es also keine gelungenere Atmosphäre als diejenige, in welcher das Kind unter anderem folgende tragende Erfahrung macht: »So, wie du bist, bist du gut, auch wenn ich nicht alles gutheiße, was du tust. Gut, dass es dich gibt.«

Die meisten Menschen mit Burnout besitzen, wenn überhaupt, nur einen geringen Selbstwert und vermeiden den Dialog mit sich selbst. Anstatt in Beziehung mit sich zu sein, sind viele auf der Flucht vor sich selbst. So paradox dies im ersten Moment auch scheinen mag, diese »Flucht vor sich selbst« gehört mittlerweile vielerorts zum Alltag und führt zu massiven gesellschaftlichen und gesundheitlichen Konsequenzen. Entschließt sich eine Person nämlich dazu, vor sich selbst zu fliehen, so beraubt sie sich dadurch unter anderem des entscheidenden Faktors für die eigene Stressbewältigung: Sie beraubt sich ihrer Fähigkeit, sich selbst wahrzunehmen – und legt damit den Grundstein für eine mögliche spätere Burnout-Erkrankung.

Die Selbstwahrnehmung ist eine wesentliche Grundlage für die Aufrechterhaltung von Gesundheit. Je differenzierter ich mich selbst wahrnehme, desto besser kann ich für mich sorgen, oder umgekehrt: Je weniger ich mich selbst wahrnehme, desto weniger weiß ich um meine Notwendigkeiten und desto schlechter kann ich auf mich achtgeben.

Dies betrifft sowohl die Fähigkeit, zum richtigen Zeitpunkt »Ja« zu sagen, wie zum richtigen Zeitpunkt »Nein« zu sagen. Die Selbstwahrnehmung ist nicht nur für den inneren Dialog entscheidend, sondern auch für den äußeren Dialog eine entscheidende Grundlage. Jemand, der sich selbst nicht wahrnimmt, wird auch sein Gegenüber nicht wirklich wahrnehmen können. Er wird nicht zwischen fremd und eigen unterscheiden können und nicht wissen, wo die Grenzen – bei sich und beim Gegenüber – sind, was natürlich gravierende Konsequenzen für das Miteinander hat.

Doch wie kommt es überhaupt dazu, dass jemand beginnt, die Flucht vor dem eigenen Ich anzutreten? Was veranlasst Menschen dazu, vor sich selbst zu fliehen? Wie ist dies überhaupt möglich?

Jemand, der sich selbst nicht wahrnimmt, wird auch sein Gegenüber nicht wirklich wahrnehmen können.

Es gibt kaum ein quälenderes Gefühl als das der eigenen Minderwertigkeit. Neben dem Gefühl der Hilflosigkeit zählt das Gefühl der Minderwertigkeit zu den Gefühlen, die ein Maximum an Stress auslösen. Die Überzeugung, »nichts wert zu sein«, stellt die eigene Existenz infrage – ist das Gefühl, »nichts wert zu sein«, doch nahe am »Nicht(s)sein«. »Wenn ich so zurückdenke«, berichtete ein 42-jähriger Anwalt während einer Beratung, »so waren es genau diese quälenden Momente, vor denen ich am meisten Angst hatte, die Momente, die mich immer wieder überkamen und in denen ich mich so klein fühlte, dass ich meinte, mich gleich auflösen zu müssen. Es war unerträglich. Es war, als wäre ich nicht existent.« – »Ich hätte alles getan, um nicht wieder diese vernichtende Minderwertigkeit zu fühlen«, sagte ein anderer Mann, der ähnliche Momente schilderte, »aber was konnte ich tun?« – »Ich bin doch nun mal leider ich«, sagte eine Zuhörerin während eines Vortrags zu mir, »da kann man doch leider nichts machen.«

Doch, man kann. Zumindest scheinbar.

Und die Möglichkeiten dazu sind vielfältig. Unsere Psyche stellt uns die unterschiedlichsten Mittel zu Verfügung, das, was ist und was wir nicht wollen, in unserem Sinne neu zu definieren und unbequeme Realitäten einfach neu zu erschaffen. So auch in Bezug auf das eigene Minderwertigkeitsgefühl. Auch hier bietet die Psyche uns eine Alternative, die das Unmögliche möglich machen soll: Sie verschafft uns eine zweite Haut und verhilft uns so dazu, uns selbst neu zu erfinden. Die Psychologie verwendet für dieses Phänomen den Begriff des »falschen Selbst(wertes)«. Ich möchte Ihnen dieses Phänomen deswegen näher erläutern, weil es bei den meisten Burnout-Betroffenen zu finden ist und maßgeblich am Weg in die Erschöpfung beteiligt ist.

Vereinfacht dargestellt verläuft dieser unbewusste Prozess unter folgender Überschrift: »So, wie ich bin, bin ich nichts wert. Ich bin ein Nichts. Als Nichts kann ich jedoch nicht überleben. Also muss ich zu jemand anderem werden.« In dieser Überzeugung beginnen die Betroffenen, sich selbst zu verlassen und eine neue Identität und den eigenen Wert in der äußeren Welt zu suchen. Sie orientieren sich dabei sowohl an den prägenden Maßstäben der Eltern als vor allem auch an der für diese Menschen »goldenen Regel«: »Besser! Größer! Schneller! Weiter! Mehr!« Die Grundlage für den eigenen Wert ist nicht mehr die eigene Identität, sondern der Superlativ. Verständlicherweise. Dort, wo vermeintlich nichts war, muss nun alles sein.

Es wird stets nach dem Besseren gestrebt, ist das Bessere doch das neue falsche Selbst an sich und die verzweifelte Beweisführung, »endlich wer zu sein«. Menschen mit einem falschen Selbst vertreten die Einstellung »Grenzen sind dazu da, um überschritten zu werden« und erbringen vor diesem Hintergrund innerhalb kurzer Zeit extreme Leistungen.

Karriereleitern werden rasant erklommen und es ist nicht verwunderlich, dass gerade in Führungsetagen überdurchschnittlich häufig jene zu finden sind, die in der Psychologie als Narzissten bezeichnet werden. Viele unter ihnen sind schillernde Persönlichkeiten. Dabei mag die Regel gelten: »Je schillernder und lauter die Person, desto geringer der Selbstwert und desto größer die Gefahr, unter dem auszubrennen, was man tut.«

Ein Narzisst besticht häufig durch hochintelligentes, kreatives, visionäres, eloquentes, charmantes, waghalsiges, ja geniales Auftreten, verbunden mit einer ausgeprägten Überzeugungs- und Verführungskraft, welche das Gegenüber meist innerhalb kürzester Zeit für sich gewinnt. Narzissten gelingt es, Menschen für sich einzunehmen und sie »um den Finger zu wickeln«. Sie sind die geborenen Visionäre, denen es häufig jedoch an der Fähigkeit zur beständigen, verlässlichen und genauen Umsetzung mangelt. Die eigentliche Arbeit wird meistens anderen überlassen. Die Flucht vor dem eigenen Ich und die vergebliche Suche nach sich selbst in der äußeren Welt lässt sie rastlos nach immer neuen Herausforderungen suchen. Dabei gehen sie nicht selten und ohne Probleme über Leichen – auch über die eigene. Skrupel existieren nicht – wer das Gefühl hat, eigentlich nichts zu sein, hat auch *nichts* zu verlieren.

Eindrücklich beschreibt der Mythos von Narziss das Ausmaß dieses Gefühls der Minderwertigkeit und zeigt, wie die Welt auf der Suche nach dem eigenen Wert missbraucht wird und zu einem einzigen Spiegel für Glanz und Bewunderung verkommt.

Das eigentliche Drama des Narzissten wird in der Erzählung jedoch erst am Ende deutlich, in dem Moment, als Narziss, erneut entzückt von seinem Spiegelbild, diesmal auf der Wasserfläche eines Sees, plötzlich das tiefe Bedürfnis verspürt, dieses zu berühren. Er beugt sich nach vorne, seine Hand berührt die Wasseroberfläche – und sein Spiegelbild zerfällt. Dieser Moment symbolisiert das Drama des Narzissten: die tiefe Überzeugung, in Wahrheit nichts zu sein, und die daraus entstehende Furcht vor der eigenen Berührung.

Die Angst vor der eigenen Nähe und innerer Berührung sitzt häufig so tief, dass der Narzisst alles tut, um sie zu vermeiden – die Flucht vor sich selbst wird zur zwangsläufigen Konsequenz. Bleibt man beim Bild des zerfallenen Spiegelbilds und überträgt dieses auf das alltägliche Leben eines Narzissten, so kämpft der Narzisst in der ständigen Flucht vor sich selbst und der eigenen Berührung um nichts anderes als um sein eigenes Überleben. Sein rastloses Leben unterliegt dabei dem Gesetz der schizophrenen Unmöglichkeit: »Ich muss mich und die Welt vom Gegenteil dessen überzeugen, was ist: Ich bin ein Nichts.« Nur so kann auch die enorme Intensität dieser Menschen verständlich werden, eine Intensität, die aus einer tiefen inneren Verzweiflung entspringt und deren Gefährlichkeit in einer beziehungslosen Grenzenlosigkeit liegt, eine Intensität, über die nicht nur die Betroffenen selbst ausbrennen, sondern sehr häufig auch ihre Umgebung.

»Ich musste einfach immer an die Spitze, es war für mich unerträglich, in zweiter Reihe zu stehen – und dafür war ich bereit, alles zu tun«, beschrieb ein Partner einer Wirtschaftsprüfungsgesellschaft einmal die Tatsache, die für diejenigen gilt, die keinen Selbstwert und eine schwache Persönlichkeit besitzen, die ihre innere Ohnmacht mit einer äußeren Machtposition zu kompensieren versuchen und die bereit sind, sich selbst und andere dafür zu opfern, so, wie es nur diejenigen können, denen die Beziehung zu sich selbst fehlt. »Wenn ich im Nachhinein darüber nachdenke«, sagte ein anderer Betroffener, »so war es für mich irgendwann gar keine Frage mehr, ob ich erfolgreich sein *wollte* – ich *musste* es sein.«

Neben dem ihm eigenen Superlativ besitzt der Narzisst ein weiteres Merkmal, das er im verzweifelten Kampf gegen sein Minderwertigkeitsgefühl und um sein Überleben einsetzt, ein Merkmal, unter dem ganze Strukturen – Teams, Unternehmen, Beziehungen, Partnerschaften – immer wieder ausbrennen: das Merkmal, den anderen kleinzumachen, um sich selbst größer zu fühlen.

Ein 56 Jahre alter Geschäftsführer kam zu mir in die Behandlung, weil er sich immer weniger unter Kontrolle hatte und zunehmend Tendenzen eines Burnouts zeigte. Er berichtete von seinen Wutausbrüchen, in denen er seine Mitarbeiter vor versammelter Mannschaft aufs Übelste erniedrigte – aus nichtigsten Anlässen heraus und so, wie er als Kind immer wieder von seinem Vater erniedrigt worden war – wie er im Laufe der Behandlung herausfand. Je hilfloser und minderwertiger er sich selbst fühlte, desto häufiger wurden seine Wutausbrüche und sein Zwang, andere »auf ihren Platz zu verweisen«. Die Folgen waren zunehmende Krankschreibungen, eine hohe Anzahl von Kündigungen und schlechter werdende Umsätze. Erst als der Vorstand mit Konsequenzen drohte, suchte der Betroffene sich eine Beratung.

»Andere kleinzumachen, um sich selbst nicht mehr klein zu fühlen«, das ist, je höher man in Hierarchien gelangt, an der Tagesordnung. Vor dem Hintergrund ihrer meist unbewussten Minderwertigkeitsgefühle sind Narzissten höchst kränkbar, reizbar und neigen zu Wutausbrüchen, sobald es nicht nach ihrer Vorstellung läuft. Dies nimmt häufig mit der in zunehmendem Alter immer deutlicher werdenden eigenen Begrenztheit durch das Leben zu. Je nachdem, in welchen Positionen die Betroffenen zu finden sind, können ganze Unternehmen durch die narzisstische Flucht vor sich selbst gelähmt werden und am Ende sogar über ihr ausbrennen. Unabhängig davon, in welchen Facetten sich der Narzissmus zeigt, gilt dabei folgendes Grundprinzip: Je narzisstischer die Führungsebene, desto ausgebrannter das Unternehmen und desto verbrannter die Erde, die hinterlassen wird.

Je narzisstischer die Führungsebene, desto ausgebrannter das Unternehmen und desto verbrannter die Erde, die hinterlassen wird.

Was hat Burnout mit Narzissmus und einem falschen Selbstbild zu tun?

Die narzisstische Flucht vor sich selbst ist eine entscheidende Ursache von Burnout. Sie führt nicht nur dazu, dass das Empfinden für sich selbst verdrängt wird, der Betroffene sich nicht mehr fühlt und sich dadurch eines entscheidenden Regulativs für die eigene Gesundheit beraubt, sondern trägt, gepaart mit der vermeintlichen Selbstrettung durch den Superlativ, zur Kreation des Selbstbilds eines grenzenlosen Menschen bei, unter dem jedes Leben verbrennen muss. Wie kann jemand »Nein« sagen, wenn er nicht »Ja« zu sich selbst sagen kann? Wie kann jemand seine Umwelt wahrnehmen, wenn er sich selbst nicht wahrnehmen darf? Wie kann er seinem Gegenüber mitfühlend begegnen, wenn er sich selbst nicht zu begegnen vermag?

Jedes Feuer erlischt, wenn nicht rechtzeitig Brennmaterial nachgelegt wird. Nachgelegt werden kann aber nur dann, wenn erkannt wird, dass das Feuer kein unerschöpfliches Element ist und Substanz zum Brennen braucht. Nichts ist ohne Grenzen außer dem Nichts. Ist es dementsprechend so verwunderlich, dass gerade diejenigen, die meinen, nichts zu sein, grenzenlos handeln und gar nicht erkennen, dass sie »Brennmaterial nachlegen« müssen? Ihre Fähigkeit, Kompetenzen und Schwächen realistisch zu beurteilen, ist durch die Brille des Superlativs und der eigenen Existenzangst massiv eingeschränkt. Die Konsequenzen sind dramatisch, sowohl im Privaten als auch im Beruflichen und Gesellschaftlichen. Was meinen Sie, wie viele Partnerschaften über der narzisstischen Selbstbespiegelung ausbrennen, deren beziehungslose Leere irgendwann nicht mehr zu überdecken ist? Was meinen Sie, wie viele Fehlentscheidungen und damit verbundene wirtschaftliche Verluste durch schwachen Selbstwert auf der Flucht vor sich selbst und der Suche nach dem großen Mehr getroffen wurden? Wie viele Systeme durch die Minderwertigkeitsgefühle einzelner Entscheidungsträger bereits ausgebrannt sind, auf der Suche nach Anerkennung und dem vermeintlichen »Kick« durch das gewagte Risiko? Menschen brennen nicht einfach aus, weil sie vergessen haben, Grenzen zu ziehen, oder weil sie sich eine Zeit lang überfordert haben. Menschen brennen aus, weil sie auf der Flucht vor sich selbst die Beziehung zu sich selbst meiden müssen und auf dieser Grundlage unfähig zur Begegnung sind. Unfähig dem zu begegnen, was ist. Dem Leben. Den Mitmenschen. Sich selbst.

Menschen brennen aus, weil sie auf der Flucht vor sich selbst die Beziehung zu sich selbst meiden müssen und auf dieser Grundlage unfähig zur Begegnung sind.

Solange diesem nicht Rechnung getragen wird, so lange wird es viele weitere vergebliche Behandlungs- und Präventionsversuche geben, die, anstatt das Leck zu stopfen, nichts anderes tun, als viele verschiedene Wasserfänger aufzustellen.

Männlicher und weiblicher Narzissmus

Der Zusammenhang zwischen Burnout und Narzissmus liegt nun auf der Hand: Die fehlende Erkenntnis der eigenen Identität verbunden mit der Angst, »nichts« zu sein, führt zum Kreieren einer anderen Identität, des sogenannten falschen Selbst. Damit verbunden und dafür kennzeichnend ist die Grenzenlosigkeit des eigenen Handelns und des eigenen Anspruchs. Wie aber unterscheiden sich Frauen und Männer darin? Gibt es überhaupt Unterschiede? Kann man von einem männlichen und einem weiblichen Narzissmus sprechen? Meiner Erfahrung nach ja.

Bei Frauen und Männern unterscheidet sich der Narzissmus in der äußeren Erscheinungsform – bei gleichbleibendem Ursprung.

Während Männer ihre Identität und ihren Wert überwiegend im beruflichen Erfolg oder in immer größeren körperlichen Leistungen und riskanteren Wagnissen suchen, identifizieren sich viele Frauen mit dem, was sie für andere tun. Sie suchen ihren Wert über die Versorgung ihres Umfelds. Hierbei wird das eigene Minderwertigkeitsgefühl und die damit verbundene Ohnmacht scheinbar durch das Gefühl überwunden, gebraucht zu werden. Der Eindruck »Der andere braucht mich, er kann nicht ohne mich« führt zu einer subjektiven Aufwertung der eigenen Person. Das befreit aus der eigenen Ohnmacht und sichert Macht.

Ob Partner, Familie, ob im privaten oder auch im beruflichen Umfeld – Frauen kompensieren das Fehlen der eigenen Identität und ihre Minderwertigkeitsgefühle häufig durch ihre scheinbare Unersetzbarkeit im Alltag. Das Prinzip »Ich bin für andere da, weil ich nicht (für mich) selbst da sein kann« führt zur Grenzenlosigkeit wie tiefen Abhängigkeiten in Beziehungen und darüber nicht selten zu einem Ausbrennen der Person.

Dass Burnout nicht nur bei Führungskräften in der Wirtschaft, sondern immer häufiger auch in den sozialen Berufen zu finden ist, verwundert vor diesem Hintergrund ebenfalls nicht. Das in diesem Bereich geschlechterunspezifische narzisstische Prinzip der »Versorgung des anderen in Form eines Selbstobjektes« ist persönlich und gesellschaftlich nicht minder gefährlich und schädlich als der ständige Optimierungswahn oder »Risikokick« im Wirtschafts- und Finanzsektor. Obwohl viele sich dieser Tatsache – zumindest rational – bewusst sind, fehlt im Alltag der helfenden Berufe häufig die Umsetzung folgender Grundsätze: Nur wer weiß, wer er selbst ist, und ein dem eigenen Wesen entsprechendes Leben führt, vermag anderen zu einem Leben zu verhelfen, das der eigenen Identität entspricht. Nur wer sein Selbst kennt, vermag selbstlos zu handeln. Solange diese Voraussetzungen nicht geschaffen werden, so lange wird die Anzahl der hilflosen Helfer und damit verbunden auch die psychosomatischen und psychischen Erkrankungen in den sozialen Berufen stetig steigen – nicht zuletzt auch wegen nicht zielführender Behandlungen.

Ich sehe das, was nicht ist: die Macht der Projektion

Vielen Menschen ist das Gespür für Authentizität, für das Echte, verloren gegangen. Dies führt zu einem Leben ohne Substanz, in dem der Betroffene selbst fehlt und über sein eigenes Fehlen immer mehr ausbrennt.

Die narzisstische Flucht vor sich selbst spielt eine zentrale Rolle bei der Entstehung von Burnout. Auf ihrer Grundlage entstehen weitere Phänomene, die ebenfalls dazu führen, dass Menschen und Systeme ausbrennen. Eines davon soll im folgenden Kapitel nun näher beschrieben werden.

Erinnern wir uns dazu an den Mythos von Narziss. Aus ihm lässt sich nicht nur das Streben nach immer neuen Superlativen ableiten, sondern auch noch ein weiterer Aspekt: der Aspekt der Eigenbespiegelung. In der Psychologie wird dieses Phänomen als Projektion bezeichnet. Eigene Gedanken, Empfindungen, Wünsche und Schlüsse werden auf das Gegenüber gelenkt und dort für wahr befunden. Vereinfacht zusammengefasst bedeutet dies: Ich sehe mich im anderen. Projektionen sind äußere Illusionen, die durch innere Realitäten entstehen. Sie sind ein unbewusster Mechanismus, der, wenn überhaupt, erst im Nachhinein erkannt wird. Projektionen gehören zum menschlichen Alltag. Überall dort, wo Menschen sind, sind Projektionen zu finden – und bei denjenigen umso mehr, die nicht in Beziehung mit sich selbst stehen.

Die Werbung ist der bekannteste Bereich, der mit Projektionen arbeitet und seinen Erfolg darauf gründet. Aber auch Medien und

Politik bedienen sich erfolgreich, mal mehr und mal weniger bewusst der unbewussten Wünsche und Ängste der Menschen.

Die Realität durch Projektionen zu verkennen, ist ein typisches Phänomen, das vor allem dort auftritt, wo die eigene Identität und das Bewusstsein über sich selbst fehlen. Je weniger ein Mensch sich selbst und seinen inneren Realitäten begegnen kann, desto weniger ist er dazu in der Lage, der äußeren Realität zu begegnen und diese vor allem als solche überhaupt zu erkennen. Nach dem Prinzip der Eigenbespiegelung ist er gezwungen, sich selbst und seine innere Welt auf die äußere zu projizieren und dort für wahr anzusehen. Dies hat nicht nur entscheidende Konsequenzen für die eigene Gesundheit, sondern auch für die Gesundheit des Systems, in dem er sich bewegt. Vor allem diejenigen, die nach dem narzisstischen Prinzip des Superlativs leben und auf der Flucht vor dem eigenen Nichts stetig auf der Suche nach dem erlösenden Mehr sind, unterliegen der großen Gefahr, sich in ihrer Umwelt massiv zu täuschen und am Ende über den vielen Enttäuschungen auszubrennen. Das fehlende Bewusstsein über sich selbst und die Illusion einer Rettung im Außen machen sie anfällig für Blender.

Die Realität durch Projektionen zu verkennen, ist ein typisches Phänomen, das vor allem dort auftritt, wo die eigene Identität und das Bewusstsein über sich selbst fehlen.

Das Märchen *Des Kaisers neue Kleider* behandelt die Macht der Projektion eindrücklich: Erinnern Sie sich? Der Kaiser ist in Wahrheit nackt. Seine fehlende Identität und seine damit verbundene Gier nach dem Besten lassen ihn anfällig für Scharlatane werden. So haben jene Schneider ein leichtes Spiel, die ihm das versprechen, was der Regent besitzen will: die besten und schönsten Kleider. Seine fehlende Identität und die Flucht vor sich selbst machen es dem Kaiser unmöglich, zwischen Wahrheit und Illusion zu unterscheiden, und so glaubt er den Schneidern nur zu gerne, die ihm imaginäre Stoffe in den schillerndsten Farben vorlegen und ihn damit – diese in den höchsten Tönen lobend – scheinbar einkleiden.

Beseelt durch die Lobpreisungen, verfolgt der Kaiser im Spiegel jeden einzelnen Schritt der Schneider – und sieht das, was er sehen will. Überzeugt, mit den besten Gewändern bekleidet zu sein, will er nun Hofstaat halten und sich bewundern lassen. Die Macht der Projektion geht weiter und zeigt sich nun in der Reaktion des Volkes, als es den Kaiser nackt durch die Reihen schreiten sieht: Lauthals beginnt es zu jubeln und bewundert ihn in seinen neuen Kleidern. Denn auch das Volk sieht nur das, was es sehen will. Es sieht das, was es für die eigene unmündige und unsichere Identität braucht – einen prachtvollen Herrscher.

Erinnern Sie sich, wie das Märchen ausgeht? Am Ende ist es ein Kind, das, wie so häufig und auch hier, das Echte (also das Authentische) symbolisiert, als es ruft: »Aber der Kaiser ist ja nackt!« Menschen, die nach dem Prinzip des Superlativs leben, haben den Blick für das Echte verloren, da sie selbst nicht echt sein dürfen. Sie haben also nicht nur die Fähigkeit entwickelt, ihre Umgebung zu täuschen, sondern geraten selbst immer wieder in die Situation, massiv von ihrer Umwelt enttäuscht zu werden – zwangsläufig. So, wie sie sich über sich selbst täuschen, so müssen sie sich auch über andere täuschen. Die für die eigene Existenz notwendige Illusion, Menschen hätten grenzenlose Möglichkeiten, macht sie ebenso anfällig für Blender wie blind für tatsächlich vorhandene Substanz. Wie soll jemand bei anderen Substanz erkennen, wenn ihm die eigene Substanz fehlt? Wie zwischen Sein und Schein unterscheiden können, wenn er sich selbst gegen das eigene Sein entschieden hat? Wie können vor diesem Hintergrund überhaupt tragfähige Entscheidungen getroffen werden?

»Ich kann nicht verstehen, wie ich mich so habe täuschen können«, sagte ein Partner einer bekannten Anwaltskanzlei, dessen Team kurz vor dem Ausbrennen war. »Als wir den Kollegen einstellten, waren wir uns sicher, dass es sich um einen leistungsstarken, belastbaren Menschen handelte – er verfügte über genau das Merkmal, das wir bei uns selbst so schätzten: bedingungslose und grenzenlose Einsatzbereitschaft.« Dass er selbst kurz vor einer Burnout-Erkrankung stand, übersah der Partner. Dies verdeutlicht das Drama von narzisstischen Projektionen. Gemäß dem Prinzip der Eigenbespiegelung sucht man hier genauso automatisch und selbstverständlich – wie natürlich unbewusst – nach sich selbst im Außen ... und findet am Ende eben auch nur das. Man findet das, was man selbst ist – und was nicht. Je narzisstischer die Person, desto stärker sind ihre Projektionen und umso fataler die Konsequenzen für sie und für ihr Umfeld.

Dabei führt diese Art der narzisstischen Eigenbespiegelung nicht immer nur zu einer illusionären Überhöhung der Situation oder des Gegenübers, sondern sie kann genauso zum Gegenteil führen: zur vernichtenden Erniedrigung und zum Niedergang.

Hier wird dann nicht das falsche Selbst in dem anderen gesehen, sondern die eigene Minderwertigkeit und Aussichtslosigkeit. Welche dramatischen Konsequenzen dies für das Umfeld des Betroffenen und am Ende auch für ihn selbst hat, wird an späterer Stelle erläutert. Doch ob projektive Überhöhung oder Erniedrigung – das Ergebnis ist am Ende immer das gleiche. Nach dem Gesetz der Eigenspiegelung zwingt die Flucht vor dem eigenen Nichts den Betroffenen dazu, dieses Nichts letztlich auch in der Außenwelt zu finden.

So besiegelt das Drama am Ende sich selbst: Jede Projektion führt immer nur in die eine Richtung: in die eigene – in die Richtung des »Vielversprechenden«, welcher am Ende seine Versprechen nicht hält.

Die Finanzkrise 2009 ist ein klassisches Beispiel dafür, wie über die Projektionen aller Beteiligten, getrieben durch den grenzenlosen Superlativ, eine Blase aus Schein entstand, die platzen und das Finanzsystem schließlich ausbrennen lassen musste. Viele, die sich damals gefragt haben, wie hochintelligente, erfolgreiche Unternehmer sich so täuschen lassen konnten, haben dabei die Macht der Projektion verkannt und nicht berücksichtigt, dass Intelligenz noch lange keine Garantie für Realitätsbezug ist. Projektionen erhalten den Schein, sichern jedoch nicht das Sein und sind auf lange Sicht gesehen immer ein Fass ohne Boden. Auf Projektionen eine Partnerschaft aufzubauen, unternehmerische Entscheidungen zu treffen oder das eigene Leben zu leben, ist wie ein Haus auf Treibsand zu bauen. Das Fundament und der Bestand fehlen.

Die Macht der Projektion ist maßgeblich daran beteiligt, dass nicht nur Einzelpersonen, sondern auch Systeme ausbrennen. Immer mehr Menschen, Partnerschaften und Unternehmen brennen aufgrund der eigenen illusionären Verhaftung und der fehlenden Substanz, der dadurch bedingten Fehlentscheidungen und dem damit verbundenen »Nicht-Ankommen im Leben« aus. Wenn also von Burnout gesprochen wird, so muss auch von Projektionen gesprochen werden, von Projektionen, die das System und den Menschen ausbrennen lassen – ausbrennen lassen durch massive Fehlentscheidungen, die stetigen Enttäuschungen und durch das Niemals-Ankommen im Laufe eines substanzlosen Lebens.

Die Macht der Projektion ist maßgeblich daran beteiligt, dass nicht nur Einzelpersonen, sondern auch Systeme ausbrennen.

Idealisierung und Burnout

Weil ich dich für mein Wohlergehen brauche, bist du das Größte auf der Welt.

Fast 100 Prozent der Betroffenen geben an, dass sie bereits Monate (manchmal auch Jahre) vor ihrem Zusammenbruch das Gefühl hatten, »etwas stimme nicht«. Jeder der Befragten erinnerte sich noch an den Moment dieses unguten Gefühls und an das anschließende Verdrängen, an das »Beiseiteschieben«, an das »Abtun«.

Wie kommt es dazu, dass Menschen erst dann die Behandlung aufsuchen, »wenn gar nichts mehr geht«? Warum handeln so wenige schon beim ersten Moment der Erkenntnis, dass etwas »nicht richtig läuft«? »Ich habe einfach gedacht, dass sich das von alleine klären wird«, sagte eine Patientin. »Ich hatte gehofft, dass sich das schon irgendwie zurechtlaufen wird, außerdem wollte ich aus einer Mücke keinen Elefanten machen.«

»Probleme gibt es doch überall«, erwiderte eine andere, während ein Mann folgendermaßen antwortete: »Hätte man mich vor sechs Monaten gefragt, warum ich mir keine Hilfe suche, so hätte ich geantwortet: weil die Notwendigkeit nicht besteht. Fragt man mich jetzt, so muss ich eingestehen: Ich hatte Angst herauszufinden, was ist.« – »Ich möchte aber nicht herausfinden, dass ich mich von meiner Familie trennen muss«, sagte ein Mann in seiner ersten Behandlungsstunde, gleich zu Beginn, als ersten Satz – ohne dass die familiäre Situation zuvor zur Sprache gekommen war.

Die Dinge erst dann in die Hand zu nehmen, wenn das Kind bereits in den Brunnen gefallen ist, ist ein bekanntes menschliches Phänomen. Ein Phänomen, das für die Entstehung von Burnout und für dessen Behandlung maßgeblich ist. Menschen und Systeme brennen nämlich nur dann aus, wenn die Beteiligten nicht rechtzeitig reagieren.

Obwohl dies die Mehrheit der Betroffenen zwar rational weiß, fehlt die nötige Konsequenz der Umsetzung. Jeder der Betroffenen, die zu mir in die Burnout-Behandlung kamen, jedes ausgebrannte Team, das ich beraten habe, alle waren über innere und äußere Unstimmigkeiten hinweggegangen. Anstatt den Dingen klärend auf den Grund zu gehen und den Dialog zu suchen, wurde dies vermieden – so lange, bis kaum mehr etwas ging. Doch wie war es den Betroffenen überhaupt möglich, so lange wegzusehen? Wie war es möglich, das Offensichtliche zu übersehen? Was waren die Gründe? Auf diese Fragen möchte ich im Folgenden eingehen und dabei vor allem ein weiteres Phänomen ansprechen, welches erklärt, wie Menschen lange Zeit in an sich kranken Umständen ausharren können und diese nicht als solche empfinden – ein Phänomen der Projektion, das sowohl für ausgebrannte Personen als auch für ausgebrannte Systeme ein typisches Merkmal ist.

Vor einigen Jahren kam eine 40-jährige Anwältin mit unterschiedlichsten psychosomatischen Symptomen zu mir in die Behandlung. Der Hintergrund wurde sehr schnell deutlich: Sie befand sich in einem seit Monaten schwelenden Partnerschaftskonflikt, der an unterschiedlichen Punkten immer wieder in kurzen Streitereien eskalierte, um dann wieder »unter der Decke zu verschwinden«. In der Beratung wurden schnell grundsätzlich verschiedene Standpunkte wie eine wachsende Unzufriedenheit gegenüber dem Partner und der Partnerschaft deutlich, welche die Frau zwar in den Therapiegesprächen thematisierte, jedoch nicht bereit war, dem Partner gegenüber klärend anzusprechen.

Im Gegenteil: Je deutlicher der Konflikt zwischen den beiden zu Hause wurde und je mehr der Mann sich zurückzog, desto mehr wurde die Partnerschaft nun verteidigt. Der zuvor als unzureichend empfundene Partner wurde plötzlich zu genau dem Mann, den sie sich immer gewünscht hatte. Sie war fest davon überzeugt, dass es keinen besseren für sie geben könne. Forderungen und Vorwürfe wurden nun ersetzt durch die Bereitschaft, alles für diesen Mann zu tun. Was war geschehen?

Neben der auseinanderbrechenden Partnerschaft gab es weitere Konflikte in anderen Lebensbereichen, welche die Frau in ihrem Leben alleine dastehen ließen. Sie hatte niemanden mehr außer ihrem Partner. Die Aussicht des Alleinseins führte bei ihr zu heftigsten Existenzängsten. In der Überzeugung, alleine nicht überleben zu können und unterzugehen, setzte der unbewusste Prozess ein, der in der Psychologie Idealisierung genannt wird. Vereinfacht ausgedrückt kann dieser Prozess folgendermaßen beschrieben werden: Man gestaltet sich die Realität gedanklich und emotional so, wie sie den eigenen Wünschen und Vorstellungen – dem eigenen Ideal – entspricht. »Ich denke/fühle mir Personen und Situationen schön« oder, um in dem Bild des Märchens *Des Kaisers neue Kleider* zu bleiben: »Ich bekleide und schmücke Personen und Situationen so lange und so viel, bis ich den eigentlichen Zustand, die Nacktheit, nicht mehr sehe.«

Die Idealisierung ist ein unbewusster Prozess und findet überall dort statt, wo es nicht so ist, wie man es will, man aber zugleich möchte, dass es so ist, wie man es will. Immer dann, wenn jemandem – manchmal tatsächlich, manchmal nur scheinbar – die Möglichkeiten fehlen, eine Realität so zu gestalten, wie sie den eigenen Wünschen und Vorstellungen entspricht, besteht die große Gefahr der Idealisierung.

So werden etwa die Partnerschaft beziehungsweise der Partner oder die Partnerin, die Kinder und die familiäre Situation, Freundschaften, die berufliche Situation, Vorgesetzte, Kollegen und Mitarbeiter idealisiert; überall – im Beruflichen und Privaten, bei Einstellungsgesprächen, auf der Straße oder auf Veranstaltungen – ist Idealisierung möglich. Überall ist es möglich, sich das, was nicht stimmig ist, so auszumalen, dass es genau richtig erscheint. Bei vielen ist dies längst zur unbewussten Tagesordnung geworden. Wie in dem Beispiel der Frau wächst die Idealisierung sogar proportional zu der eigenen Ahnung, dass etwas eben gerade nicht mehr richtig ist. Da werden eigentlich gescheiterte Zustände immer glamouröser ausgeschmückt nach dem verzweifelten Motto »Wir müssen nur fest daran glauben, dann ist das auch so«. »Wir haben beschlossen, unser Eheversprechen jedes Jahr zu erneuern«, berichtete beispielsweise der Mann, der in der ersten Stunde gleich zu Beginn festlegte, dass er auf keinen Fall herausfinden wolle, dass er sich von seiner Familie trennen müsse. »Wir sind sehr glücklich.«

»Die Realität war für mich nicht auszuhalten«, beschrieb eine Frau den Zustand ihrer gescheiterten Ehe, »aber eine Trennung kam für mich nicht infrage; was blieb mir anderes übrig, als mir die Dinge schönzureden? Ich konzentrierte mich eben auf die Dinge, die irgendwo noch gut waren.«

»Es war einfach leichter, das Gute im Schlechten zu sehen – und ich wollte einfach daran glauben, dass meine Exfrau zumindest eine gute Mutter ist«, berichtete ein Mann, der die Auseinandersetzung mit seiner von ihm getrennt lebenden Frau um die Erziehung des Kindes vermied, bis dessen Verhaltensauffälligkeiten unübersehbar wurden.

Die Gründe dafür, sich Dinge und Situationen schönzureden, sind vielfältig. Diejenigen, die darüber ausgebrannt sind, geben vor allem fehlendes Selbstvertrauen und Selbstbewusstsein an. »Wenn ich es jetzt rückblickend betrachte«, sagte ein Manager am Ende einer erfolgreichen Beratung, »dann kann ich sagen, dass mir absolut das Selbstvertrauen gefehlt hat, das zu vertreten, was ich wirklich wollte. Ich hatte kein Vertrauen, um mit dem, was war, umgehen zu können. Zwar konnte ich wirtschaftliche Entscheidungen treffen, doch ich scheute mich vor den zwischenmenschlichen Auseinandersetzungen.«

Realitäten nicht im Sinne einer Idealisierung, sondern im Sinne einer echten Auseinandersetzung zu verändern, sodass sie stimmig werden, diese Fähigkeit fehlt den meisten, die wegen eines Burnouts zu mir in die Behandlung kommen. Dabei wird immer wieder ein Grundpessimismus sich selbst und dem Leben gegenüber deutlich, der mit der Überzeugung verbunden ist: »Ich muss mit dem zufrieden zu sein, was ist, weil das, was ich will, sowieso nicht möglich ist.« – »Ich war so geprägt durch meine Mutter, die mir immer sagte, dass es ›Glücklichsein‹ im Leben nicht gibt, sodass ich mich eben mit meinem Unglück abfand«, berichtete eine Patientin. Die unbewusste Überzeugung, echtes Glück und echte Zufriedenheit gebe es (für mich) – außer in meiner Vorstellung – nicht, wurde immer wieder als Grund angegeben, warum viele lange Zeit an dem festhielten, worüber sie letztendlich ausbrannten. Aber auch die Angst vor Gesichtsverlust, die Angst zu scheitern und der damit verbundene Zwang, die Fassade bis zum bitteren Ende und um jeden Preis aufrechterhalten zu müssen, lässt sich bestimmt nicht zufällig häufig bei Burnout-Patienten finden.

Ob es die Angst ist, alleine dazustehen, die Angst vor dem, was andere von einem denken könnten, oder aber möglicherweise auch die Angst davor, sich das eigene Scheitern einzugestehen – es gibt viele Gründe, wegzuschauen und den Mantel des Schweigens und des Ideals darüberzulegen. Doch wie beim Märchen *Des Kaisers neue Kleider* bricht irgendwann das, was ist, hervor. Realitäten bleiben dieselben – egal, wie schön wir sie uns denken. Das, was ist, ist. Je länger man es verleugnet, desto schaler wird es am Ende: durch verpasste Chancen und nicht rechtzeitiges Eingreifen und Handeln, durch die letztlich unvermeidbare Enttäuschung und das Gefühl verlorener Lebenszeit, durch unnötige Verluste, unnötige Verletzungen und unnötige Wunden.

Realitäten bleiben dieselben – egal, wie schön wir sie uns denken.

Jede Idealisierung findet ihr Ende, ob nun früher oder später. Je später dies geschieht, desto größer ist die Enttäuschung und das damit verbundene Leid auf allen Seiten. Der Grundsatz ist dabei stets der gleiche: je größer die Idealisierung, desto größer die Enttäuschung und desto tiefer der Fall. Bei dem erwähnten Mann kam der Fall, als er herausfand, dass seine Frau seit einem Jahr eine Affäre hatte und seine Partnerschaft längst ausgebrannt war. Dieser Erkenntnis folgte ein erbitterter Scheidungskrieg. Auch die Partnerschaft der jungen Frau war am Ende ausgebrannt. Der Partner hatte sich von ihr getrennt, trotz ihres erbitterten Festhaltens, über das sie sich selbst zunehmend erschöpft hatte. Ob es zur Trennung gekommen wäre, wenn die Dinge rechtzeitig miteinander verhandelt worden wären, bleibt offen. Sicher aber ist, dass viele Wunden, die geschlagen wurden, hätten verhindert werden können, wenn dem, was war, Rechnung getragen worden wäre.

Die Wege zum Burnout sind immer mit faulen Kompromissen gepflastert, mit faulen Kompromissen, die darüber entstehen, weil das vermieden wird, was das Kind in dem Märchen *Des Kaisers neue Kleider* ungeachtet der Masse tut: die Welt so zu sehen, wie sie ist, und dies auszusprechen.

Erst im Nachhinein erkennen die Betroffenen, dass sich Menschen, Situationen oder Umstände »schönzureden« immer auch bedeutet, »wider die *eigene* Natur zu handeln«. Wenn Sie dem, was Sie in Ihrem Wohlbefinden stört, nicht klärend nachgehen, es ignorieren und idealisieren, dann besteht die große Gefahr, dass Sie früher oder später darüber ausbrennen werden. Ausbrennen, weil Sie nicht nur nicht auf Ihre Kosten kommen, sondern weil Sie sich um die notwendige Substanz für Ihr Leben bringen und Sie sich in Umständen aufhalten, die Sie ausschließlich Energie kosten, ohne Ihnen Energie zu geben.

Ob Partnerschaft, Freundschaft, Geschäftsbeziehung – jedes System, das auf einer Idealisierung aufgebaut ist, ist ein höchst störanfälliges Gebilde. Da es in seinem Wesen inexistent ist, kostet es alle Beteiligten ständig ein hohes Maß an Kraft und Energie, es aufrechtzuerhalten. Es muss quasi immer wieder neu von seinen Schöpfern erfunden werden – alleine tragen kann es sich nicht. Es ist ein Fass ohne Boden. Es besitzt keine eigene Substanz. So ist es auch hier immer nur eine Frage der Zeit, bis jedes idealisierte System aufgrund seines fehlenden Fundaments, aufgrund der Erschöpfung der Erschaffenden und schließlich aufgrund der Realität ausbrennt und zusammenbricht – häufig gemeinsam mit denjenigen, von denen das substanzlose Gebilde errichtet worden ist.

Burnout und Angst

Die Ursachen der Angst

Burnout ist Ausdruck eines Menschen, der rastlos durch sein Leben irrt, weil er die Ruhe nicht in sich selbst findet.

Burnout ist häufig mit Angst und Panik verbunden. Viele Menschen, die an Burnout erkrankt oder auf dem Weg dorthin sind, leiden unter Panikattacken, die als solche häufig nicht verstanden und stattdessen als organische Erkrankung fehlinterpretiert werden (siehe das Kapitel »Von Todesangst und anderen Körpersymptomen«). Doch was ist der Grund für dieses heftige Symptom, welches die Betroffenen häufig vollkommen »außer Gefecht« setzt? Warum reagieren diejenigen, die ausbrennen, mit Angst?

Erinnern wir uns, dass der Weg zum Burnout dadurch gekennzeichnet ist, dass die Betroffenen ständig »über die eigenen Grenzen gehen« und die eigene Identität dabei verleugnen. Nur wenige sind sich allerdings darüber im Klaren, dass sie durch unauthentisches Handeln, mit jedem gesagten »Ja«, wo eigentlich ein gemeintes »Nein« steht, sich in ihrem Selbstwert schwächen, das eigene Fundament angreifen und sich den Boden unter den Füßen Stück für Stück wegziehen. Je mehr eine Person den Dialog zu sich selbst vermeidet und sich in der eigenen Identität verleugnet, desto weniger wird sie auch auf sich selbst zurückgreifen können und desto weniger Sicherheit wird sie in sich selbst finden. Vielleicht haben Sie persönlich ähnliche Erfahrungen gemacht: Je stärker Sie sich selbst verleugnen, je weniger authentisch Sie in Ihrem Handeln sind, desto weniger werden Sie das Gefühl haben, sich auf sich verlassen zu können.

Wenn Sie dem nicht rechtzeitig Einhalt gebieten, kann dies irgendwann so weit führen, dass Sie sich am Ende Ihrer selbst nicht mehr sicher sind. Sie haben »sich selbst« verloren. Ist es vor diesem Hintergrund nicht verständlich, dass viele Menschen, die die Beziehung zu sich selbst und damit ihren Halt verloren haben, beginnen, unter Panik zu leiden, und ist es nicht ebenso verständlich, dass sie in dieser Panik plötzlich das Gefühl haben, sich aufzulösen oder zu sterben? Was für einen anderen Ausdruck könnte die eigene Identität finden, die so behandelt wird, als ob sie nicht existiere?

Mit jedem gesagten »Ja«, wo eigentlich ein gemeintes »Nein« steht, schwächen Sie sich.

Jedes Symptom besitzt die Eigenschaft, dass es immer auch seine Ursache widerspiegelt. Leider sehen die Betroffenen nur selten hinter ihr Symptom, sondern verurteilen sich vielmehr dafür. Sie verstehen ihre Angst und Panik meist nur als eine weitere Krankheit, anstatt sie in ihrem Ursprung zu erkennen und als das zu sehen, was sie eigentlich ist: ein Ausdruck und Hilferuf der eigenen Identität, die im Sterben liegt.

Doch jedes Symptom ist nicht nur Spiegel seiner Ursache, sondern enthält durch die Konsequenzen, die es verursacht, auch immer den Schlüssel zur Lösung – wenn sie denn richtig als solche erkannt wird. Im Fall der Panik bedeutet das, dass der Betroffene auf massive Art und Weise an seine Grenzen erinnert wird, die er ständig überschritten hat. Die Symptomatik der Angst zwingt ihn zu dem, was er bislang vermieden hat: kürzerzutreten und zur Ruhe zu kommen. Menschen, die unter Panik leiden, ziehen sich zunehmend zurück und beginnen, immer mehr Orte und Menschen zu meiden.

Leider wird nur selten verstanden, was eigentlich dahintersteckt: ein Selbstregulierungsversuch eines an sich gesunden Menschen, der dazu dient, dass der Betroffene »sich auf sich zurückbesinnen kann« und den für die Gesundheit notwendigen Dialog zu sich selbst wiederherstellt. Die meisten übersehen dies und suchen stattdessen die heilende Lösung im Vermeiden von vermeintlichen äußeren Auslösern oder in (medikamentöser) Beruhigung, was die Ursache und den Zustand an sich jedoch nur weiter verschlimmert und die Erkrankungsrate weiterwachsen lässt. Solange verkannt wird, dass es niemand anderes als das eigene Selbst ist, das an die eigene Missachtung erinnert, solange die Beziehung zu sich selbst und damit verbundene notwendige Schritte vermieden werden, wird die Panik neben der wachsenden Erschöpfung in vielen Fällen weiterhin auch eine Konsequenz für Burnout-Betroffene sein.

Welche Konsequenzen haben Angst und Burnout speziell für Unternehmen?

Wenn Führungskräfte nicht dazu in der Lage sind, sich selbst zu führen und Verantwortung für ihre inneren Realitäten zu übernehmen, dann hat dies massive menschliche und wirtschaftliche Konsequenzen für ihr Umfeld.

Angst ist immer ein schlechter Ratgeber, wenn sie nicht in ihrem Ursprung erkannt wird. Dass Mitarbeiter, die unter Ängsten leiden, immer weniger belastbar, entscheidungsfähig, selbstständig und innovativ sind, liegt auf der Hand, ebenso wie die hohen Kosten durch häufige Fehlzeiten. Was bedeutet es aber für ein Unternehmen, wenn Führungskräfte von Ängsten betroffen sind? Welche Konsequenzen hat dies für die Mitarbeiter und welche Konsequenzen hat dies für die Produktivität eines Teams? Im Folgenden möchte ich auf das Phänomen der Angst in Unternehmen zu sprechen kommen, dessen menschliche wie wirtschaftliche Folgen meiner Ansicht nach immer wieder übersehen werden.

Das bedrohlichste Gefühl für ein Individuum ist Angst und die damit verbundene Hilflosigkeit. Angst wird umso bedrohlicher erlebt, je schwächer das Individuum in seiner Identität und seinem Selbstwert ist – ebenso wie Angst gerade dort, wo Nicht-Identität herrscht, besonders häufig zu finden ist. Jemand, der keine oder nur eine schwache Identität besitzt, wird von Angst regiert. Je größer Angst und Hilflosigkeit sind, desto geringer sind die inneren und äußeren Spielräume eines Menschen und desto größer ist sein Kontrollbedürfnis.

Die wenigsten sind sich ihrer Angst bewusst. Diese wird meist erst dann wahrgenommen, wenn sie in Form von Panikattacken hervorbricht. Angst zu haben, gehört nicht in das Selbstbild der meisten Menschen, vor allem nicht in das von erfolgreichen Führungskräften. Gemäß dem Prinzip, dass das, was nicht sein darf, auch nicht ist, wird die Angst zumeist verdrängt.

Diese Verdrängung kann unterschiedlich verlaufen und hat unterschiedliche Konsequenzen. Ich möchte nun auf eine besondere Art von Verdrängung eingehen, die mir in Teams und Unternehmen immer wieder begegnet ist und über welcher diese auszubrennen begannen: die Verdrängung in Form von Spaltung und die damit verbundene projektive Identifizierung des Umfelds. Menschen, die den Dialog mit sich selbst verloren haben, sind gezwungen, eigene unverarbeitete Anteile auf ihr Umfeld zu übertragen.

Je geringer die Identität eines Menschen, je geringer der Dialog und die Beziehung zu sich selbst, desto weniger Fähigkeiten besitzt er, mit inneren Konflikten und negativen Gefühlen umzugehen. Die Psychologie nennt dies »containen« und meint damit, unangenehme Gefühle fühlen und »verdauen« zu können, ohne sich davon bedroht zu fühlen.

Das Phänomen der Spaltung tritt im psychologischen Verständnis immer dort auf, wo eine Person besonders schwach in der eigenen Struktur, im eigenen Ich ist. Sie ist dann kaum dazu in der Lage, negativ erlebte Gefühle bei sich behalten zu können. Das Ich kann diese Gefühle nicht an sich binden, ohne darüber in seiner Existenz bedroht zu werden. Die einzige Möglichkeit, die eigene Existenz zu sichern, ist in diesem Fall, die bedrohlichen Gefühle vom eigenen Ich »abzuspalten«.

Die Spaltung wird in der Psychologie als eine besondere Form der Abwehr beschrieben: Im Gegensatz zur gängigen Form wird hier das Erlebte nicht nur aus dem Bewusstsein ins Unterbewusste verdrängt, sondern zusätzlich von der Person abgespalten. Es ist nun nicht mehr mit der eigenen Person verbunden und wird dementsprechend als nicht mehr Ich-zugehörig erlebt. Dadurch verliert es seine Bedrohlichkeit für die eigene Person.

Welche dramatischen Konsequenzen hierdurch für das Umfeld – und am Ende natürlich auch für den Betroffenen – entstehen, soll das folgende Beispiel zeigen: Ein 48-jähriger Bereichsleiter litt unter ausgeprägten Versagensängsten, verbunden mit tiefen Minderwertigkeitsgefühlen. In Einzelgesprächen wurde der biografische Hintergrund einer Kindheit deutlich, die von Ausgrenzungen aufgrund der sozialen Herkunft, Hänseleien durch Schulkameraden und Demütigungen durch den Vater bei fehlenden Leistungen geprägt wurde. Die Erlösung (»raus aus der Gosse«) sah er darin, den eigenen Wert in Aufstieg und Erfolg zu suchen, was zu einem unerbittlichen eigenen Leistungsanspruch, aber auch zu einer steilen Karriere führte. Mit der Übernahme des Postens des Bereichsleiters traten zunehmend Schwierigkeiten auf. Die unbewusste Angst zu scheitern (und wieder »in der Gosse zu landen«) führte zu einem Führungsstil, der von wachsender Kontrolle der Mitarbeiter geprägt wurde, die immer weniger eigene Entscheidungen treffen durften, ohne sie vorher bis ins kleinste Detail abzusprechen. Verständlicherweise, denn je unsicherer ein Mensch sich fühlt, desto stärker ist sein Gefühl von Hilflosigkeit, seine Angst vor Fehlern und sein Bedürfnis nach Kontrolle. Den Mitarbeitern gegenüber wurde diese Kontrolle mit der Fürsorgepflicht einer Führungskraft begründet, die aber dazu missbraucht wurde, zunächst auf freundschaftlicher Ebene eine Verbindung zum Mitarbeiter zu suchen, um in späteren Momenten die persönlichen Informationen dazu zu nutzen, ihn zu erniedrigen, indem auf seine Schwachstellen hingewiesen wurde.

(Vor-)Geführt wurde hier, indem die Mitarbeiter kleingehalten wurden – so klein, wie der Bereichsleiter sich selbst innerlich fühlte. Das ist vor dem psychologischen Hintergrund des Mannes nur verständlich: Jemand, der sich selbst als minderwertig erlebt, muss in Erfolg, Selbstbewusstsein und Selbstständigkeit anderer zwangsläufig eine Bedrohung für sich sehen.

Die unbewusste Beziehungsgestaltung nach den Gesetzen seiner Herkunft – »Oben sticht unten« oder »Ich bin nur dann groß, wenn der andere klein ist« oder »Wenn ich den anderen nicht unterwerfe, dann unterwirft er mich« – führte zu wachsendem Widerstand im Team, der sich in fehlender Motivation, sinkenden Auslastungen, Flüchtigkeitsfehlern mit zum Teil massiven wirtschaftlichen Verlusten, der Zunahme von Krankschreibungen bis hin zu Kündigungen äußerte.

Der Bereichsleiter, getrieben von der Angst zu scheitern, reagierte darauf mit weiteren Restriktionen und Machtdemonstrationen, worunter er nicht nur das Team, sondern auch sich selbst zunehmend erschöpfte. Die Versagensängste des Mannes eskalierten unter begonnenen Restrukturierungsmaßnahmen und massivem Druck durch den Vorstand, was schließlich zu einer vollständigen Lähmung des Teams führte. Als ich zur Beratung hinzugezogen wurde, fand ich ein vollständig erstarrtes Team in einer von Angst beherrschten Atmosphäre, in der zunächst jeglicher kritische Dialog unmöglich erschien. Wurde in Einzelgesprächen massive Kritik am Bereichsleiter geübt, so traute sich niemand, im moderierten Gegenüber auch nur das direkte Wort an ihn zu richten, geschweige denn, ihn infrage zu stellen – obwohl durch die Präsentation der Ergebnisse der Einzelinterviews die Fakten vor allen Beteiligten auf dem Tisch lagen. Was hatte zu dieser totalen Lähmung geführt? Was hatte verursacht, dass gestandene Führungskräfte den Dialog scheuten und niemand sich traute, den vermeintlichen Aggressor infrage zu stellen? War es die Angst vor Strafe und vor weiteren Maßregelungen oder steckte noch mehr dahinter?

Nicht nur in diesem Fall, sondern auch in weiteren wurde deutlich, dass es sich um mehr als um die persönliche Angst der Teammitglieder handelte, die zu einer Lähmung führte und unter der das Team zunehmend auszubrennen drohte. Hier ging es um mehr als um die Angst vor Strafe oder darum, erneut vorgeführt zu werden. Doch was war es? Bei genauerem Hinsehen wurde ein psychologischer Mechanismus deutlich, der vor allem dort auftritt, wo Menschen mit großen Defiziten in ihrer Persönlichkeitsstruktur zu finden sind. Dieser Mechanismus nennt sich projektive Identifizierung und lässt sich folgendermaßen darstellen: Erinnern wir uns an das Phänomen der eingangs in diesem Kapitel erwähnten Spaltung – aufgrund einer schwachen Identität spaltet ein Mensch Anteile seiner selbst ab, die für ihn zu bedrohlich sind und die er aufgrund seines schwachen Ichs nicht in sich integrieren kann.

Sehr vereinfacht ausgedrückt bedeutet dies Folgendes: Die abgespaltenen Anteile sind zwar vorhanden, aber mit der Person an sich nicht mehr verbunden. Um sich von ihnen endgültig zu befreien, werden sie dann häufig unbewusst auf die Umwelt übertragen (Projektion). Dies hat zur Konsequenz, dass der Betroffene sich am Ende seiner bedrohlichen Gefühle entledigt hat und seine Umwelt diese stellvertretend für ihn übernimmt (Identifikation). Diese projektive Identifizierung ist ein klassischer Abwehrmechanismus in der Psychologie. Sie kann nicht nur einzelne Menschen, sondern insbesondere auch ganze Gruppen lähmen. Dieser unbewusste Vorgang ist für die Betroffenen, wenn überhaupt, nur in Form seiner Symptomatik wahrnehmbar, meist in Form einer tiefen Angst, die sich als Verfolgungsangst, Versagensangst und Existenzangst bis hin zu einem Gelähmtsein äußert.

Ein solcher Prozess spielte sich nun zwischen dem Bereichsleiter und seinem Team ab. Der Mann projizierte seine tiefen Versagensängste unbewusst auf seine Mitarbeiter, die sich damit unbewusst identifizierten und darüber zunehmend in eine angstvolle Lähmung verfielen. Gleichzeitig führte die Identifikation dazu, dass die Betroffenen eine Art Beißhemmung gegenüber dem Bereichsleiter entwickelten. Diese gründete sich auf der wachsenden Angst vor einem totalen Zusammenbruch (Scheitern) des Bereichsleiters, welche dieser auf sein Team projizierte und welche dieses ebenfalls unbewusst übernahm. Das Motto »Jemanden, der schon am Boden liegt, tritt man nicht«, verbunden mit dem Gefühl, selbst am Boden zu liegen, erklärte die seit Monaten schweigend ablaufenden Teamrunden, in denen jegliche Kritik unmöglich erschien und unter denen das gesamte Team zunehmend auszubrennen drohte.

Dies ist kein Einzelfall. Immer wieder sind es die unbewussten Versagensängste der Führungskräfte, welche zu einem Ausbrennen der Mitarbeiter führen, weil diese sich mit ihnen unbewusst identifizieren. Durch die fehlende eigene Identität, ein tiefes Gefühl der Minderwertigkeit und die Angst zu scheitern machen viele Führungskräfte unbewusst Innovation und (beständiges)

Wachstum unmöglich. Sie tun dies nicht nur, weil sie häufig als Opfer des eigenen Superlativs die Realität verkennen und falsche Entscheidungen treffen, sondern auch, weil sie in ihrer schwachen Identität keinen anderen Umgang mit der eigenen Angst und Hilflosigkeit kennen, als diese unbewusst von der eigenen Person abzuspalten, auf das Umfeld zu projizieren und dieses dadurch massiv zu lähmen.

Die unbewusste Verlagerung der eigenen Ängste um der scheinbaren eigenen Entlastung willen kann auf unterschiedlichen Wegen stattfinden: öffentliche Erniedrigungen, Demütigungen, Beleidigungen, Wutausbrüche, verbale oder schriftliche Drohungen, Kontrollmaßnahmen und so weiter. Das Resultat ist am Ende immer dasselbe: Der Betroffene erscheint im stabilen Selbstwert, während die Umwelt sich in Angst und Minderwertigkeitsgefühlen wiederfindet. Dies kann so weit gehen, dass nicht nur Teams und Einzelpersonen gelähmt werden und darüber ausbrennen, sondern am Ende auch ganze Unternehmen.

Das Phänomen der projektiven Identifizierung kann jedoch nur dann stattfinden, wenn es jemanden gibt, der sich mit der Projektion identifiziert. Eine Identifikation mit den äußeren Bedingungen erfolgt nur dort, wo eigene Identität und ein Dialog auf Augenhöhe fehlen. Leider ist dies häufig der Fall. Identität und gesundes Selbstwertgefühl sind nach wie vor keine Selbstverständlichkeit, verbreitet ist vielmehr die unbewusste Suche nach einer Orientierung und nicht selten einer Identifizierung mit der Umwelt. Ob Position oder Titel, Prominenz oder Status – es gibt viele äußere Kriterien, die unbewusst Anlass für die eigene Unterwerfung geben.

Dies zeigt sich nicht nur im gesellschaftlichen und politischen Phänomen (selbst-)ernannter Idole, sondern auch in der automatischen Identifikation mit Führungspersonen in Unternehmen. Fehlendes Selbstbewusstsein und ungeklärte innere Realitäten in Form von Autoritätshörigkeit führen dazu, dass man sich allein durch die gesetzte Hierarchie dem Vorgesetzten automatisch unterwirft. Dieser Umstand erklärt auch, warum projektive Identifikationen besonders häufig und schnell in Hierarchien auftreten.

In dem geschilderten Fall gelang es schließlich durch beharrliche Konfrontation beider Parteien, den Dialog zwischen der Führungskraft und dem Team wiederherzustellen. Dies war jedoch nur möglich, weil jede Seite am Ende bereit war, sich auch dem eigenen inneren Dialog zu stellen und sich mit seinen Verantwortlichkeiten auseinanderzusetzen und dem entsprechende Konsequenzen zu ziehen – jeder in dem Maß, wie er an der Gesamtsituation beteiligt war.

Fazit: Grundvoraussetzung für ein gesundes Unternehmen sind Führungskräfte, die über eine Identität und über die Fähigkeit verfügen, mit sich selbst im Dialog zu stehen. Nur so kann optimal geführt werden. Doch ebenso wie eine mündige Führungskraft Grundlage für ein gesundes und erfolgreiches Unternehmen ist, so ist dies auch der mündige Mitarbeiter. Es gilt, auf allen Seiten Mündigkeit, Identität und Selbstverantwortung herzustellen. Erst wenn auf allen Ebenen die Kultur eines Dialogs auf Augenhöhe gepflegt wird, ist eine maßgebliche Grundlage für den Erfolg gelegt, die zugleich die beste Prävention gegen Burnout ist.

Erst wenn auf allen Ebenen die Kultur eines Dialogs auf Augenhöhe gepflegt wird, ist eine maßgebliche Grundlage für den Erfolg gelegt, die zugleich die beste Prävention gegen Burnout ist.

Burnout und Alter

Mir sind noch keine Menschen begegnet, die sich bewusst entschieden haben, gegen die eigene Identität zu leben – gleichwohl aber einige, die der Meinung waren, dies zu tun, und erst viel später herausgefunden haben, dass es unbewusste Mechanismen in ihnen waren, die sie dazu getrieben haben, zu meinen, es sei »das Beste, nicht man selbst zu sein«.

Jeder Mensch verfügt über ein bestimmtes individuelles Maß an (Lebens-)Energie. Man könnte dies auch im übertragenen Sinne als Energiekonto bezeichnen. Was daraus wird, ist eine einfache betriebswirtschaftliche Tatsache: Dem Verhältnis zwischen Einnahmen und Ausgaben folgend verhält sich auch das Konto. Hauswirtschaften Sie gut mit Ihrer Energie, sind Sie in den schwarzen Zahlen, übersteigen die Ausgaben die Einnahmen, sind Sie in den roten Zahlen.

Der Burnout-Zustand ist dementsprechend nichts anderes als ein Auslaufen der Lebensenergie. Obwohl dies für die meisten zwar logisch nachvollziehbar ist, scheint die konkrete Umsetzung dieser Logik jedoch nicht wirklich klar. Viele fragen sich nach wie vor: Was heißt es nun eigentlich, im gesundheitlichen Sinne gut zu wirtschaften? Was bedeuten in diesem Sinne Einnahmen und was bedeuten Ausgaben?

Eine Frau, die an Burnout erkrankt war, beschrieb ihr Leben folgendermaßen: »Ich war nur noch am Funktionieren. Es gab keinen Moment mehr, an dem ich einmal innegehalten oder etwas für mich gemacht habe. Ich lief atemlos von A nach B und C. Ich war für jeden jederzeit verfügbar – nur nicht für mich selbst. Alles war durchgeplant, und ich irgendwo mittendrin in meinem Leben. Ein Leben, das nicht mehr das meine war.«

Wenn es also eine Regel für ein erfolgreiches gesundheitliches Wirtschaften geben kann, dann die folgende: Leben Sie!

Denn je mehr Sie in Ihrem Leben funktionieren, desto weniger kommen Sie auf Ihre Kosten. In dem Moment, in dem Sie anfangen zu funktionieren, hören Sie auf zu leben. Sie drehen sich selbst den (Lebens-)Hahn zu und bewegen sich auf der reinen Ausgabenseite. »Ich kann Ihnen zwar von meinem Verstand her folgen«, sagte ein Zuhörer einmal während eines Vortrags zu mir, »aber was meinen Sie denn genau damit, was meinen Sie damit ›zu leben‹? Leben wir nicht alle hier?«

Je mehr Sie in Ihrem Leben funktionieren, desto weniger kommen Sie auf Ihre Kosten. In dem Moment, in dem Sie anfangen zu funktionieren, hören Sie auf zu leben.

So paradox die Frage auch klingen mag, so nachvollziehbar erscheint es doch, dass sie in der heutigen Zeit so selbstverständlich und häufig gestellt wird, die Frage nach *Leben*. Was heißt es überhaupt zu leben? Wo liegt der Unterschied zwischen »leben« und »funktionieren«? Was bedeutet es, auf die eigenen Kosten zu kommen?

Jeder der Burnout-Betroffenen hatte irgendwann aufgehört zu leben und war unbemerkt in den Überlebensmodus gewechselt. Den Unterschied zwischen »leben« und »überleben« herauszufinden und umzusetzen, erfordert die Fähigkeit, mit sich selbst in Beziehung und in den Dialog zu treten. Leben – und damit auch auf die eigenen Kosten kommen – können nur diejenigen, die wissen, wer sie sind. Wer seine Identität nicht kennt, weiß nicht um die eigenen Bedürfnisse, Notwendigkeiten und Grenzen, er kann nicht wissen, was die eigenen Kosten eigentlich genau sind. Menschen mit Burnout-Syndrom handeln wider ihre Identität – in den meisten Fällen aus Unkenntnis derselben. Sei es in der häufigen Spaltung von Verstand und Gefühl und dem Versuch, das Leben über den Verstand zu meistern, sei es in der Unterwerfung gegenüber den eigenen Prägungen, sei es aufgrund eines tief greifenden Minderwertigkeitsgefühls und einer damit verbundenen äußeren Grenzenlosigkeit – ihnen allen fehlt die Fähigkeit, mit sich in den Dialog zu treten. »Wenn ich es rückblickend betrachte«, berichtete ein 46 Jahre alter Manager am Ende einer erfolgreichen Burnout-Behandlung, »so wusste ich damals nicht wirklich, wer ich eigentlich tatsächlich war. Ich war so, wie ich *dachte*, dass ich wohl bin. Ich lebte ein Leben aus einer Vorstellung heraus. Am Ende verkam das Leben dann auch zu einer einzigen Vorstellung. Es fehlte jegliche Authentizität – in jedem Lebensbereich.«

Dass der Schein das Sein ersetzt, das beschreiben die meisten der Betroffenen als ein zentrales Merkmal auf ihrem Weg zum Burnout. Viele berichten von einer selbst kreierten Identität, die unbemerkt die eigentliche ersetzt. Die Nichtbeachtung des inneren Erlebens, dessen, was wirklich ist, führt zu einer wachsenden Fixierung auf die Außenwelt. Notwendiger Halt und fehlende Identität werden nicht mehr in der eigenen Person, sondern nur noch im Äußeren, in dem Erreichen unterschiedlicher Ziele, in Personen, Positionen, Besitz gesucht. Die Konsequenz besteht nicht nur aus einer massiven Abhängigkeit von der Umwelt, sondern auch in einer wachsenden inneren Leere. Während sich die Betroffenen auf das Wachstum

Menschen mit Burnout-Syndrom handeln wider ihre Identität – in den meisten Fällen aus Unkenntnis derselben.

des äußeren Reichtums – sei es in Form von Karriere, Familienplanung oder bestimmten Statussymbolen – konzentrieren, nimmt die innere Armut weiter zu.

»Mir ging es darum, etwas aufzubauen, einen festen Stand zu entwickeln, und das waren nun einmal die klassischen Faktoren Karriere, Familie und Eigentum«, berichtete ein 40-jähriger Anwalt. »Niemand um mich herum kam wirklich auf die Idee, sich die Frage nach der eigenen Identität zu stellen. Warum auch? Es funktionierte doch alles bestens. Es gab also überhaupt keinen Grund.«

Wen also wundert es, dass das Burnout-Syndrom vor allem in der Lebensmitte auftritt, also zu einer Zeit, in der die Aufbauphase abgeschlossen ist, die Lebensbedingungen gesichert sind und viele Ziele bereits erreicht worden sind, in einem Moment, in dem die Aufmerksamkeit vermehrt nach innen gerichtet wird – mit dem Blick nach innen, der lange Zeit durch das atemlose Jagen nach scheinbar notwendigen Zielen vermieden wurde? Wen wundert es, dass von der inneren Leere immer schlechter abzulenken ist, wenn es in der Außenwelt »nichts mehr zu tun« gibt, wenn alles erreicht zu sein scheint und die Beschränkungen des eigenen Lebens durch das Älterwerden kaum mehr zu verdrängen sind?

Ist es so erstaunlich, dass Menschen über die plötzliche Erkenntnis eines nicht gelebten Lebens ausbrennen, dass sich an die Frage »Und nun?« sehr schnell die Frage »Wofür?« anschließt? Dass mit der wachsenden Erkenntnis, in seinem Leben irgendwie gefehlt zu haben, das in der Außenwelt Erreichte nun endgültig seine Bedeutung verliert? Wäre es so verwunderlich, wenn gerade die Erkenntnis eines nicht authentisch gelebten Lebens der letzte große Tropfen ist, der das darüber entstandene, schon längst randvolle Fass endgültig zum Überlaufen bringt?

Die Frage nach Identität wird in dieser Lebensphase zum zentralen Thema für Gesundheit und Zufriedenheit – die fehlende Antwort darauf führt immer mehr Menschen in die Krise. Jeder

Mensch verfügt in seinem Leben über ein bestimmtes Energiepotenzial und Kraftreserven, die irgendwann erschöpft sind, wenn sie nicht aufgefüllt werden. In Verbindung mit dieser Tatsache halte ich den eben beschriebenen Aspekt für entscheidend bei der Entstehung von Burnout um die Lebensmitte herum: die zunehmende Konfrontation mit der Innenwelt durch die gesicherte Außenwelt und die plötzlich erschreckende Erkenntnis über ein nicht wirklich gelebtes Leben.

Handlungsmuster in Zusammenhang mit Burnout

Niemand kommt um sich selbst herum.

Für die Behandlung des Burnout-Syndroms gibt es kein Patentrezept, jeder Weg in eine Burnout-Erkrankung ist ein individueller und jeder Weg hinaus auch. »Niemand kommt um sich selbst herum.« Erst wer das erkennt, hat den ersten Schritt zu mehr Gesundheit getan.

Solange jedoch im Außen nach Lösungen gesucht wird, so lange wird das Zentrale und gleichzeitig Notwendige vermieden: die Beziehung zu sich selbst wieder aufzunehmen – und zwar ohne Schuldzuweisung oder Vorwürfe, sondern einzig und allein mit der Bereitschaft zur Verantwortung. Erst wer beginnt, die Antworten bei sich zu suchen, wer versteht, warum und worüber er persönlich ausgebrannt ist, und wer bereit ist, entsprechende Konsequenzen zu ziehen, hat eine wirkliche Chance auf Gesundheit und Leistungsfähigkeit.

Auch wenn es kein Patentrezept gibt, so jedoch hilfreiche Grundsätze, die es auf dem Weg aus der Erschöpfung heraus zu berücksichtigen gilt, Notwendigkeiten, die zu beachten sind, um gesund zu werden, sowie – bei aller Verschiedenheit der einzelnen Betroffenen – wichtige Gemeinsamkeiten.

Was können Sie tun, um gesund zu bleiben? Wie verhindern Sie, dass Sie im Laufe Ihres Lebens ausbrennen? Was ist zu tun, wenn »das Kind schon in den Brunnen gefallen ist« und Sie bereits ausgebrannt sind? Was können diejenigen tun, die sich schon erschöpft haben? Wie kann in dieser Situation das Umfeld reagieren und agieren?

Der Gesundheitsmarkt ist voll von Vorschlägen, Anweisungen und Verhaltensrichtlinien, und manchmal gibt es sogar das Versprechen von Heilung innerhalb kürzester Zeit. Gelegentlich wird sogar behauptet, der Betroffene müsse kaum selbst etwas dafür tun.

Doch dies ändert nichts daran, dass die Zahl der Erkrankten weiter ansteigt. Die Menschen erschöpfen sich weiterhin und häufig auch immer wieder aufs Neue. Viele, die sich erschöpft haben, erholen sich nicht mehr von dieser Erschöpfung, andere finden nur kurz zurück in den Alltag, um dann die Erfahrung eines Rückfalls zu machen.

Einige müssen sich sogar ganz aus dem Berufsleben zurückziehen. Doch was steckt hinter diesem Phänomen? Warum und woran scheitern viele Burnout-Behandlungen? Ist Burnout nicht heilbar? Ist man, wenn man einmal von Burnout betroffen war, nie wieder so leistungsfähig wie vor der Erkrankung? Meiner Ansicht und Erfahrung nach trifft das nicht zu.

Burnout ist heilbar und die Leistungsfähigkeit der Betroffenen kann vollständig wiederhergestellt werden – vorausgesetzt, dass an den entscheidenden Punkten ein deutliches Umdenken und konsequentes Handeln erfolgt.

Burnout ist heilbar und die Leistungsfähigkeit der Betroffenen kann vollständig wiederhergestellt werden – vorausgesetzt, dass an den entscheidenden Punkten ein deutliches Umdenken und konsequentes Handeln erfolgt.

Im letzten Teil dieses Buches sollen diese Punkte nun erläutert werden – nicht im Sinne eines Patentrezepts, sondern als Vorschlag einer Orientierung, einer Richtlinie, welche Sie, wenn Sie von Burnout betroffen sind, wieder ein Stück näher zu sich selbst zurückbringen soll.

Die Macht der Ohnmacht

Wer nicht bereit ist, Verantwortung für seine Situation zu übernehmen, gerät in große Gefahr, sich irgendwann für die eigene Schwäche an seinem Umfeld zu rächen und zu versuchen, es mit dieser zu dominieren.

Als Erstes möchte ich nun auf einen zentralen Punkt eingehen, der den Krankheitsverlauf entscheidend beeinflusst und den Weg zurück in die Gesundheit massiv behindern kann. Es ist ein Punkt, der meist nur am Rande und häufig hinter vorgehaltener Hand angesprochen wird. Ein Punkt, den viele Betroffene verweigern anzuerkennen und den viele Behandler verkennen – oder aus Unsicherheit oder mit dem Ziel einer besseren »Klienten- beziehungsweise Patientenbindung« verschweigen.

Dabei verhindert dieser Aspekt, wenn er nicht erkannt wird, nicht nur die Gesundung des Burnout-Betroffenen, sondern kann irgendwann auch zu einer Erkrankung seines Umfelds führen: Es ist die mangelnde Selbstverantwortung und die damit einhergehende Macht der Ohnmacht.

Erinnern wir uns an das zu Beginn vorgestellte Modell der vier Phasen. Stellt man dieses Modell vor, tritt immer wieder ein interessantes Phänomen auf: Die meisten Menschen sind nämlich der Ansicht, dass A eine »super Position« ist. Sind sie doch der Überzeugung, dass derjenige, der diese Position einnimmt, stets der

Mächtigere ist. Einmal abgesehen davon, dass nur der Dialog die Lösung sein kann und vor diesem Hintergrund die Positionen A und B austauschbar sind, ist diese Schlussfolgerung auch dann nicht korrekt. Täuschen Sie sich nicht in der Rolle der Position B und unterschätzen Sie niemals die Macht der Ohnmacht. Innerer Rückzug und Widerstand einer Person können um so vieles mächtiger sein als das deutliche Beziehen von Positionen. Sie können Partnerschaften, Freundschaften oder sogar ganze Teams lähmen und ausbrennen lassen. Wenn ich daran zurückdenke, in wie vielen Fällen Personen auf dem Weg in den eigenen Rückzug Partner oder Kollegen mit sich zogen, wenn ich mich an die vielen Fälle erinnere, in denen eine Person durch ihren Widerstand ein gesamtes Team lahmlegen konnte und ich an die damit verbundenen gesundheitlichen und wirtschaftlichen Folgen für die Beteiligten denke, so ist der dadurch entstandene Schaden immer wieder bemerkenswert.

Doch wie kann es dazu kommen? Wie und wodurch kann jemand, der sich in der vermeintlich schwächeren Position befindet, sein Umfeld plötzlich dominieren? Wie ist der Werdegang von einem vermeintlichen Opfer zu einem unvermuteten Täter?

Zunächst einmal gilt auch hier folgender Grundsatz eines jeden geschlossenen Systems: Druck führt immer zu Gegendruck. Halten Sie gerne kurz inne und suchen Sie nach Beispielen für diesen Grundsatz. Ob Sie an eine Metallfeder denken, auf die Sie Druck ausüben, oder ob Sie sich an zwischenmenschliche Situationen erinnern, in denen Sie selbst oder andere die Erfahrung von Druck gemacht haben – solange dies in einem geschlossenen und dynamischen System geschieht und keine Ausweichmöglichkeit besteht, so lange führt Druck immer zu Gegendruck. Jede Unterdrückung wird sich, wenn sie unfreiwillig geschieht, früher oder später immer rächen. Menschen, welche die B-Position einnehmen, werden unterdrückt. Sie befinden sich gegen ihren Willen in dieser Situation – und sind in den meisten Fällen der festen

Überzeugung, dass der andere daran schuld ist. Während sie sich selbst als Opfer der Umstände oder des Gegenübers empfinden, wird die Umwelt zum Täter und zum Verantwortlichen für das eigene Leid.

Die Wut und die Aggressionen, die sich daraus ergeben, sind immens – und werden von der Umwelt trotzdem häufig unterschätzt, da der Betroffene sie meistens nicht direkt zum Ausdruck bringt. Die B-Position ist über lange Zeit die scheinbar stumme Position, die Position desjenigen, der etwas mit sich machen lässt. Die Rache, die sich jedoch in dieser Stummheit gegenüber dem Unterdrücker – immer – entwickelt, ist vielfältig und verursacht am Ende häufig einen Lärm, der im krassen Gegensatz zu dem vorherigen Schweigen steht.

Jede Unterdrückung wird sich, wenn sie unfreiwillig geschieht, früher oder später immer rächen.

Ein Mann, Mitglied eines Teams von zehn Personen, befand sich in einem wachsenden Konflikt mit seinem Vorgesetzten, der ihn seiner Meinung nach nicht ausreichend unterstützte und ihn mit zu vielen Aufgaben belastete. Eine einmalige Auseinandersetzung, in welcher der Mann seinen Vorgesetzten um Entlastung bat, wurde mit dem Verweis auf die grundsätzlich schwierige Unternehmenssituation abgelehnt.

Anstatt entweder die weitere Auseinandersetzung zu suchen oder die Gegebenheiten zu akzeptieren oder die notwendigen Konsequenzen (Arbeitsplatzwechsel) zu ziehen, fügte sich der Mann zunächst den Anforderungen, während er innerlich begann, sich wütend zurückzuziehen. Im Außen erfüllte er mehr oder weniger die Anforderungen seines Chefs, um im Inneren über diesen und die Ungerechtigkeit der Situation zu kochen. Irgendwann fing er an, unterschiedliche Symptome zu entwickeln, die immer wieder zu Krankschreibungen und am Ende zu einer notgedrungenen Entbindung von den unliebsamen Aufgaben führten. Da mit ihm nicht mehr wirklich zu rechnen war, die Arbeit jedoch getan werden musste, übernahmen nun die Kollegen seine Aufgaben, was zu deren Überlastung und wachsendem Unmut führte. »Was soll ich denn machen, ich habe doch auch die Verantwortung, als Führungskraft meine Mitarbeiter zu schützen – und wenn jemand krank ist und nicht mehr kann, sind mir dann nicht die Hände gebunden? Müssen dann nicht die Kolleginnen und Kollegen ran?«, fragte der Teamleiter später während eines Teambuilding-Prozesses, der notwendig wurde, da das Team über diese Situation zunehmend auszubrennen drohte. »Was soll ich auf die Aussage erwidern, wenn mir eine Mitarbeiterin ins Gesicht sagt, dass sie, wenn sie den Aufgabenbereich X weiter betreuen muss, spätestens im Herbst wieder ihre Rückenbeschwerden entwickeln wird?«, fragte ein Bereichsleiter.

Ob es Herr Meier oder Frau Müller sind, die in der Partnerschaft gegen ihren Willen mit dem anderen ins Kino oder anderswo hin- und mitgehen, oder der Mitarbeiter, der gegen seinen Willen Aufgaben erledigt – jede B-Position wird sich früher oder später rächen.

Nicht selten wird die eigene Ohnmacht und Hilflosigkeit zum Gegenschlag benutzt. Ob dies in der Deklamation der eigenen Hilflosigkeit in Form von Krankheit oder grundsätzlicher Schwäche geschieht, ob in Form einer inneren Kündigung oder eines äußeren Schweigens und Ins-Leere-laufen-Lassens – alles ist möglich. »Du musst es machen, weil ich zu krank und zu schwach bin und nicht mehr kann«, »Ich weiß nicht, wovon du sprichst, weil ich zu dumm bin, dich zu verstehen« (nachdem du mich jahrelang genau so behandelt hast), »Wenn du das (nicht) tust, geht es mir schlecht« oder aber auch der Weg des schweigenden Rückzugs – die Rache für die Unterdrückung ist vielfältig. Eines ist jedoch gewiss: Sie führt dazu, dass sich die Kräfteverhältnisse neu mischen, und lässt in vielen Fällen den vermeintlich schwächeren B nun zum eigentlichen A in der Situation werden. Die Welt hat sich gedreht: Nun dominiert der Schwache den Starken. Seine Schwäche wird zu seiner Stärke und zum Druckmittel gegen den früheren »Unterdrücker«. Aus der ursprünglichen Ohnmacht ist eine Macht geworden: die Macht der Ohnmacht.

Sie beginnt in den meisten Fällen als unbewusster Prozess. Die echten Krankheitssymptome, die sich in dieser Phase entwickeln, unterliegen dabei immer einer unbewussten Reaktion. Der Umgang mit ihnen ist allerdings häufig ein bewusster. Nicht selten wird das Vorhandensein der eigenen Krankheit und Schwäche dafür eingesetzt, das durchzusetzen, was man will und was man bis dahin nicht erreicht hat.

Dabei wird sich die folgende Tatsache zunutze gemacht: Krankheit und Schwäche sind in unserem gesellschaftlichen Miteinander eine Art Freifahrtschein. Jeder von Ihnen wird diese persönliche Erfahrung bereits gemacht haben: Tatsachen, die aufgrund von Krankheit oder Schwäche geschaffen worden sind, werden vom Gegenüber leichter akzeptiert. Niemand wird es Ihnen übel nehmen, wenn Sie aufgrund einer Grippe einen Termin nicht wahrnehmen – wer kann es mit sich und seinem sozialen Gewissen vereinbaren, seinem Gegenüber dessen Krankheit vorzuwerfen?

»Krankheit schützt vor Auseinandersetzung«, sagte einmal eine Patientin während einer Behandlungsstunde. »Erst als ich krank wurde, ließ mich mein Mann in Ruhe und akzeptierte mein Nein, welches er vorher ständig übergangen hatte.« Ein Krankheitssymptom zu erfinden, um einen ungeliebten Termin abzusagen, ein echtes Symptom dazu zu nutzen, dem anderen seinen Willen aufzuzwingen, bis hin zu dem Extrem, das Gegenüber mit der eigenen Schwäche zu erpressen – all diese Abstufungen sind alltäglich und überall zu finden. Die Macht der Ohnmacht ist subtil und wird vielleicht auch aus diesem Grund von vielen unterschätzt. Oft wird sie lange Zeit übersehen. Dabei ist sie häufig um so vieles mächtiger als die Dominanzen gesunder Menschen – und kann Partnerschaften, Teams und Unternehmen sukzessive ausbrennen lassen.

Die Macht der Ohnmacht, die Macht der eigenen Schwäche ist meist enorm. Sie besteht darin, dass sie an das soziale Gewissen und an den Grundsatz des menschlichen Miteinanders appelliert und darüber das Umfeld häufig lähmt: »Wenn jemand am Boden liegt, dann darf man nicht auch noch drauftreten« oder »In einem sozialen Gefüge sollte man dafür sorgen, dass er wieder aufstehen kann«, ist die geltende Meinung unserer sozialen Allgemeinheit. Was aber, wenn der Betroffene gar nicht aufstehen will?

Die Macht der Ohnmacht ist subtil und wird vielleicht auch aus diesem Grund von vielen unterschätzt.

Schweigen als Strafe – der schweigende Rückzug

Ein Mann erzählte einmal, wie er als kleiner Junge seinen Vater mit den Worten angefleht hat: »Und wenn du mich schlägst – aber bitte sprich wieder mit mir.« – »Mein Vater hatte einen Grundsatz, den wir alle kannten«, berichtete eine 46-jährige Frau. »Du hast recht, und ich habe meine Ruhe«, hieß dieser, und so lernte ich schnell, rechtzeitig zu schweigen, damit er nicht schwieg – denn das war grausam. Es war so, als gäbe es mich nicht mehr.« – »Was wollen Sie tun, wenn Sie eine Frau haben, die plötzlich aufhört, mit Ihnen zu sprechen, dabei tagelang so tut, als wäre nichts, aber Sie wissen ganz genau, dass da doch etwas ist?«, fragte ein Mann. »Da haben Sie doch keine Chance. Irgendwann sind Sie mürbe. Sie gehen nur noch wie auf dünnem Eis – immer auf der Hut, ja nichts Falsches zu sagen, ohne allerdings zu wissen, was eigentlich das Falsche ist. Sie haben ja keine Chance, dies anschließend aufzuklären!«

Mit Schweigen und Ignoranz zu strafen, kann um so vieles härter sein als die offene Auseinandersetzung. Es ist vernichtend.

Während die offene Auseinandersetzung zumindest immer die Existenz des Gegenübers anerkennt, tun das Schweigen und die Ignoranz dies nicht mehr – sie lassen das Gegenüber in völliger Bedeutungslosigkeit erlöschen. Unterschätzen Sie also weder im privaten noch im beruflichen Bereich die Macht des Schweigens. Nicht selten ist es das stärkste Mittel, Menschen gefügig zu machen. Für Partnerschaften, Familien, Teams – jedes langfristig erfolgreiche Miteinander ist abhängig von einer guten Atmosphäre. Wie sehr diese durch die Macht des ungesagten Wortes gestört werden kann, wissen diejenigen, die es am eigenen Leibe erfahren haben. Das unausgesprochene Wort wirkt um so vieles stärker als das ausgesprochene. Das, was ist, ist – und wird meist umso deutlicher, wenn es verschwiegen wird, selbst wenn es nicht im strafenden Sinne eingesetzt wird. Denken Sie daran, wenn Sie an einem erfolgreichen und gesunden Miteinander interessiert sind – unabhängig davon, ob im beruflichen oder im privaten Umfeld. Ungesagtes beeinflusst immer die Gesamtatmosphäre und macht nicht selten das Miteinander unmöglich. Ich benenne diesen Punkt deshalb an dieser Stelle, weil ich immer wieder bei Konflikten zur Beratung hinzugezogen werde, die über das »unausgesprochene Gesprochene« entstanden oder geschürt worden sind und an denen sich schließlich Einzelpersonen wie Systeme unnötig erschöpfen. Wenn Sie dies vermeiden wollen, achten Sie auf folgende Grundregeln, die als Basis für ein erfolgreiches Miteinander einzuhalten sind:

1. Gehen Sie sowohl über Ihr Ja als auch über Ihr Nein, mit *denen, die es betrifft,* in den Dialog.
2. Sagen Sie etwas, wenn Sie etwas zu sagen haben, und schweigen Sie, wenn alles (aber nicht alles Mögliche) gesagt ist.
3. Denken Sie daran, dass nicht nur das unausgesprochene, sondern auch das zu viel gesprochene Wort Auswirkungen auf ein Miteinander hat. Äußern Sie sich nach folgendem Prinzip: Sa-

gen Sie das, was Sie meinen, und meinen Sie das, was Sie sagen. Nichts wirkt störender als unglaubwürdiges Geplapper.

4. Zuletzt: Finden Sie den richtigen Zeitpunkt heraus. Lernen Sie, die Notwendigkeit der Sache an sich zu erkennen, und seien Sie sich bewusst, dass alles sein Maß und seine Zeit besitzt.

Burnout und Wiedergutmachungsanspruch

Ich habe mir jahrelang den A… für andere aufgerissen – jetzt bin ich mal dran!

Die Rückkehr aus einem Burnout in den beruflichen Alltag ist in den meisten Fällen langwierig - wenn sie überhaupt stattfindet. Auszeiten von mindestens sechs Monaten, in vielen Fällen deutlich länger, sind nicht die Ausnahme, sondern die Regel. Hinzu kommt, dass Menschen mit einer psychosomatischen Erkrankung immer häufiger den Weg der Frühverrentung gehen und in dieser die einzige Lösung sehen. Die eigene Nichtbelastbarkeit wird zum bestimmenden Lebensmittelpunkt. Warum ist dem so? Warum erscheint vielen Betroffenen der Rückkehr in den Alltag unmöglich? Was steckt hinter den langen Auszeiten durch eine Burnout-Erkrankung? Ist es die tatsächliche Erschöpfung, welche die Menschen zwingt, sich als nicht ausreichend belastbar zu fühlen, oder findet sich hier möglicherweise noch eine andere Ursache?

Im Folgenden möchte ich auf einen Punkt eingehen, den ich in meiner Arbeit immer wieder beobachtet habe und der meines Erachtens in vielen Fällen eine entscheidende, wenn auch überwiegend unbewusste Rolle in dem langwierigen und unsicheren Gesundungsprozess spielt. Ein Punkt, der gegenüber den Betroffenen nur ungern angesprochen und in der breiten Öffentlichkeit eher vermieden wird: die Wiedergutmachung.

Wenn Burnout-Behandlungen scheitern, dann scheitern sie meiner Erfahrung nach vor allem an dieser Ursache. In weit mehr als der Hälfte der Fälle misslingt eine erfolgreiche Rückkehr in den beruflichen Alltag – nicht, weil die Betroffenen unter einer tatsächlichen Nichtbelastbarkeit leiden, sondern weil sie einen hohen Anspruch auf Wiedergutmachung in sich tragen. Was dies jedoch genau bedeutet, was man unter einem Wiedergutmachungsanspruch versteht und ob dieser den Betroffenen eigentlich bewusst zugänglich ist, dies soll nun genauer erläutert werden.

Wenn Sie sich das Modell der vier Phasen und die Entstehung von Burnout in Erinnerung rufen, wird deutlich, dass eine Burnout-Erkrankung immer einen Weg darstellt, der von Ohnmacht gegenüber den wahren eigenen Bedürfnissen und ihrer Nichterfüllung geprägt ist. Jeder, der ausbrennt, hat entweder lange Zeit über oder unter seinen Verhältnissen gelebt. Ob dies nun der Manager ist, der sich vor dem Hintergrund seines grenzenlosen Leistungs- und Karrierewillens verloren hat, die Frau, die atemlos zwischen Karriere, Familie und eigenem Leistungsanspruch hin- und hergelaufen ist, der Mitarbeiter, der sich monatelang den vermeintlichen Gängeleien und Anforderungen seines Chefs hilflos ausgeliefert gefühlt hat, oder die Frau, die seit ihrer Kindheit ständig für andere da sein musste, dies in jedem ihrer Lebensbereiche als Erwachsene fortsetzte und schließlich aufgrund eines Konflikts mit einer jüngeren Kollegin und der fehlenden Anerkennung für ihre Hilfsbereitschaft endgültig ausbrennt – die Beispiele sind verschieden.

Gleich ist ihnen jedoch allen das eine: Keiner der Burnout-Betroffenen ist in seinem Leben ausreichend auf seine Kosten gekommen – im Gegenteil, die meisten von ihnen mussten sogar noch persönlich draufzahlen.

Je nach Ausprägung des erlebten Defizits, je nach Beschaffenheit der jeweiligen Persönlichkeit entwickeln die Menschen in dieser Situation nach und nach folgenden Anspruch: »Jahrelang bin ich nicht auf meine Kosten gekommen, jahrelang habe ich meine persönlichen Bedürfnisse unterdrückt, jahrelang habe ich nur funktioniert« – oder, wie ein 42 Jahre alter Bereichsleiter seine Frühverrentung begründete: »Ich habe mir jahrelang den A... für andere aufgerissen – jetzt bin ich mal dran!« Dieses »Jetzt bin ich mal dran« kann sich in verschiedenster Art und Weise äußern. In den meisten Fällen ist es allerdings mit der folgenden selbstverständlichen Forderung verbunden: Der andere muss nun machen, aber nicht mehr ich (nachdem ich es lange Zeit machen musste). Ob sich dies in dem Anspruch auf vermehrte Rücksicht (»Ich habe immer auf dich Rücksicht genommen, nun kannst du auch mal auf mich Rücksicht nehmen«), Entlastungen (»Immer wieder habe ich zusätzliche Aufgaben übernommen, nun kannst du mal machen«) oder ob sich dies in der Abgabe von Verantwortlichkeiten bis hin zur (staatlichen) Versorgung (Krankengeld/Abfindungen/Rente) ausdrückt, ist verschieden. Sehr häufig kann man jedoch eine proportionale Entwicklung zu dem vorherigen Ohnmachtsempfinden feststellen, welches in den meisten Fällen von den Betroffenen der Dominanz des Gegenübers angelastet wird.

Keiner der Burnout-Betroffenen ist in seinem Leben ausreichend auf seine Kosten gekommen – im Gegenteil, die meisten von ihnen mussten sogar noch persönlich draufzahlen.

Je ohnmächtiger der Betroffene sich selbst erlebt hat, je mehr er sich durch das Gegenüber und seine Umwelt unterdrückt gefühlt hat, desto mächtiger wird sein späterer Anspruch auf Wiedergutmachung sein.

Wiedergutmachung bedeutet nichts anderes als die »Schadenersatzforderung« an den anderen für jede einzelne seiner Unterdrückungen.

Ein Bereichsleiter stellte während eines Workshops folgenden Fall vor: Ein langjähriger Mitarbeiter fiel aufgrund von Burnout über einen Zeitraum von sechs Monaten aus. Nun gab es den ersten Kontakt nach dieser Zeit, um die berufliche Wiedereingliederung zu besprechen. Der Mitarbeiter, der von den Kollegen sonst eher als zurückhaltend und oftmals zu gutmütig empfunden wurde, trat in diesem Gespräch nun plötzlich mit klaren Forderungen auf. Er hatte eindeutige Vorstellungen, wie es nun für ihn zu laufen habe: grundsätzlich keine Überstunden, keine Reisetätigkeiten mehr sowie die Entbindung von weiteren Aufgabenbereichen. Die Forderungen waren für ihn klare Fakten und nicht diskutabel, und zwar mit der Begründung, man könne froh sein, dass er jetzt wieder gesund sei und zurückkomme. Schließlich sei das Unternehmen mit seinen Bedingungen daran schuld, dass er krank geworden war. Der Bereichsleiter, der für seinen menschlichen Führungsstil bekannt und durchaus bereit war, für eine gute Wiedereingliederung zu sorgen, war ratlos. Die Forderungen waren unmöglich zu erfüllen, sie sprengten nicht nur den Rahmen der ursprünglichen Arbeitsplatzbeschreibung, sondern auch den der Grundsätzlichkeiten des Unternehmens. »Was soll ich tun?«, fragte er. »Wir brauchen den Mitarbeiter und können es uns nicht leisten, dass er wieder krank wird, allerdings sind seine Bedingungen bei uns nicht gegeben, ich müsste quasi einen neuen Arbeitsplatz erschaffen!«

»Ich kann meiner kranken Mutter doch jetzt kein Nein zumuten«, sagte eine 40-jährige, kurz vor einem Burnout stehende Patientin. »Sie sagt, dass sie ja schließlich auch immer für uns Kinder da war.« – »Ich muss doch Rücksicht auf meine Frau nehmen. Seitdem sie unter einer Panikstörung leidet, schafft sie es nicht mehr, alleine ihre Termine wahrzunehmen«, sagte ein Geschäftsführer eines mittelständischen Unternehmens.

Ob es der Mitarbeiter ist, der nun für seine unfreiwilligen Überstunden und Aufgaben eine Wiedergutmachung fordert, oder die

Mutter, die über ihre Mutterschaft das eigene Leben als Frau und Partnerin verloren hat und nun von der Umwelt erwartet, es wiedergutzumachen und es ihr gleichzutun, oder ob es die Ehefrau ist, die sich gegen ihren Willen der beruflichen Eingebundenheit ihres Mannes lange Zeit gefügt hat, indem sie dieser zwar rational zustimmte, emotional aber an einem ganz anderen Anspruch festhielt und nun für die vielen einsamen Stunden Wiedergutmachung fordert – die Art und Weise, sich für die Unterdrückung der eigenen Bedürfnisse zu rächen und das zurückzuholen, was man nach eigener Überzeugung verdient, ist von Mensch zu Mensch verschieden. So zeigt sich das, was im vorherigen Kapitel erläutert wurde: Jede B-Position wird sich früher oder später rächen. In der festen Überzeugung, sich zu Recht und ausschließlich als Opfer der Umwelt zu erleben, wird der Unterdrückte zurückschlagen und das von dem Gegenüber einfordern, was dieser ihm vermeintlich verweigert hat.

Nun ist dieser Wiedergutmachungsanspruch dem Betroffenen zunächst in den wenigsten Fällen bewusst zugänglich. Dieser Anspruch herrscht anfänglich im Unbewussten, produziert weitere Symptome und blockiert den Weg des Gesundwerdens massiv. Der sekundäre Krankheitsgewinn ist dabei enorm. »Ich musste erst krank werden«, sagte zum Beispiel eine Patientin, »damit mein Mann überhaupt erst einmal wahrnahm, dass ich auch Bedürfnisse habe.« – »Krankheit schützt vor Auseinandersetzung«, sagte eine andere Frau.

Dass vor diesen Hintergründen ein wachsender Ärger aufseiten der Gesunden entsteht, ist verständlich, ebenso wie die aufkommende Kritik an dem häufig blind versorgenden Gesundheitssystem. Die versteckte Anklage vieler: »Wenn man will, dann kann man auch gesund werden«, oder: »Der will ja nicht« – beides hat dabei durchaus Berechtigung und ist nicht ganz von der Hand zu weisen. Gleichwohl ist sie jedoch ein zweischneidiges Schwert: Ich bin der Überzeugung, dass niemand, der von Anfang an die Wahl gehabt hätte, sich freiwillig entscheiden würde, krank zu werden. Ebenso halte ich die Vorwürfe von Simulation oder die Aufforderung, sich zusammenzureißen, für nicht zielführend. Jeder, der unter psychosomatischen Symptomen leidet und nicht gesund wird, hat ein echtes Problem – und sei es das Problem der fehlenden Eigenverantwortung, das Problem der fehlenden Identität, das Problem der unverarbeiteten Wut und Kränkung über die eigene Unterdrückung in der Vergangenheit oder das Problem der Rache und der Wiedergutmachung. Das Leid der Betroffenen ist zum Teil extrem hoch. Es ist das Leid, im eigenen Gefängnis zu sitzen und dies nicht zu verlassen, während das Leben draußen vorbeizieht.

Von der Wiedergutmachung zur Selbstverantwortung

Solange es um Schuld geht, so lange kann Heilung nicht geschehen. Schuldzuweisungen führen nicht zur Gesundung, weder in die eigene noch in die andere Richtung – im Gegenteil. Es geht nicht um Schuld, sondern es geht um Verantwortung. Erst wer dies erkennt, wird frei.

Eine Frau mit Personalverantwortung und gleichzeitig hohem eigenen Leistungsanspruch arbeitete in einem Unternehmen, welches sich in einem Umstrukturierungsprozess befand. In hoher Identifikation mit dem Unternehmen übernahm die Frau verschiedene Zusatzaufgaben und kam schnell in einen Zustand der Überlastung. Sie arbeitete an den Wochenenden, willigte nicht nur ein, ihren Urlaub zu verschieben, sondern auch, nach einer überstandenen Operation trotz Krankschreibung schon einmal im Homeoffice die notwendigsten Dinge zu erledigen. Die

Verpflichtung, dass die Arbeit ja gemacht werden musste, verbunden mit einem hohen Perfektionsanspruch, überwog den wachsenden Ärger auf ihren rücksichtslos fordernden Vorgesetzten und ihr Bedürfnis nach einer Auszeit. Zunehmend trug sie sich jedoch auch mit dem Gedanken, das Unternehmen zu verlassen. Sie begann deshalb, sich umzuorientieren, allerdings ohne Nachdruck, sondern darauf wartend, dass der passende Job schon irgendwann kommen würde.

Der Vorgesetzte kam ihr zuvor. Eines Tages bat er sie zu einem Gespräch und teilte ihr im Rahmen des Personalabbaus die Kündigung mit, zwar mit dem Angebot einer großzügigen Abfindung, welche für die Frau jedoch nicht großzügig genug war. Sie ging zum Arbeitsrechtler. Der nachfolgende Prozess wurde zu einem zermürbenden Kampf, in dem sich die Frau zunehmend erschöpfte. Auf die Frage, warum sie das Angebot ihres Vorgesetzten nicht akzeptiert hätte, zumal sie mittlerweile bereits ein neues Jobangebot hatte, das ihren Vorstellungen entsprach, antwortete die Frau: »Weil die mir die ganzen Stunden bezahlen sollen, die ich unbezahlt in meiner Freizeit und während meiner Krankheit gearbeitet habe.«

Es gibt unzählige gerichtliche Auseinandersetzungen um Abfindungen, in denen der Kern des Konflikts nicht etwa der Geldbetrag ist, um den öffentlich gestritten wird, sondern die Rache für all die Momente der vermeintlichen Unterdrückung.

Auf die Frage, warum sie denn damals nicht einfach »Nein« gesagt hätte, antwortete sie: »Weil ich nun mal nicht ›Nein‹ sagen kann. Außerdem habe ich ein starkes Verantwortungsgefühl, ich fühlte mich also verpflichtet.«

Dieses Beispiel ist kein Einzelfall. Es gibt unzählige gerichtliche Auseinandersetzungen um Abfindungen, in denen der Kern des Konflikts nicht etwa der Geldbetrag ist, um den öffentlich gestritten wird, sondern die Rache für all die Momente der vermeintlichen Unterdrückung. Die Fixierung auf die eigene Ohnmacht kann dabei so ausgeprägt sein, dass das Ergebnis für alle Beteiligten am Ende vor allem ein massiver Schaden ist.

In dem geschilderten Fall war die Frau im Laufe der Auseinandersetzung glücklicherweise bereit, die Ausschließlichkeit ihrer Opferposition kritisch hinterfragen zu lassen. Obwohl dies nicht leicht für sie war, stellte sie sich der Frage, ob sie es wirklich für angemessen hielt, sich ihr eigenes Unvermögen bezahlen lassen zu wollen, oder ob es im Hinblick auf eine erfolgreiche und selbstbestimmte zukünftige Lebensgestaltung nicht ratsam und sogar notwendig wäre, sich um eine Veränderung der eigenen Schwachpunkte zu kümmern. So begannen sich schließlich nicht nur die inneren, sondern auch die äußeren verhärteten Fronten zu lösen – sowohl im Sinne einer finanziellen Einigung als auch im Sinne der eigenen Würde und einer selbstbewussten weiteren Lebensgestaltung.

»Erst als ich mir meine eigene Verantwortung ansehen konnte, *meinen* Anteil an meiner Misere«, sagte die Frau am Ende der Behandlung, »konnte ich mit der Vergangenheit abschließen, mich auf meinen neuen Job konzentrieren – und vor allem dafür sorgen, dass ich nicht mehr die gleichen Fehler wiederhole. Ich bin jetzt selbstbestimmter und klarer in dem, was ich will und was nicht. Das heißt nicht, dass ich nicht auch mal Überstunden mache oder eine zusätzliche Aufgabe annehme, aber es heißt, dass ich nicht mehr für alles verantwortlich bin, was nicht in meiner Verantwortung liegt, und dass ich für einen beständigen Dialog mit meinem Vorgesetzten sorge, ohne den Dialog zu mir zu verlieren.«

Eine verlorene Kindheit und die Konsequenzen für das Erwachsenenalter

Die Beziehung zu sich selbst ist die entscheidende Basis für ein gelingendes und eigenverantwortliches Leben. Sich in sich und mit sich zu Hause zu fühlen, ist hierfür die Grundvoraussetzung. Diese Voraussetzung wird in den ersten Lebensjahren geschaffen.

Warum verlieren Menschen im Laufe ihres Lebens den Dialog zu sich selbst? Und warum fällt es vielen schwer, überhaupt (mit sich) im Dialog zu sein? Was verbirgt sich dahinter, dass es für viele selbstverständlich ist, die Umwelt und nicht sich selbst für das eigene Glück und Unglück verantwortlich zu machen? Haben Sie sich schon einmal gefragt, warum es viele von uns in ihrem Leben vermeiden, Verantwortung für das eigene Gelingen und Scheitern zu übernehmen?

Im folgenden Kapitel soll versucht werden, diese Fragen zu beantworten. Ebenso möchte ich aufzeigen, dass die Wurzeln eines

Wiedergutmachungsanspruchs oft viel weiter zurückliegen, als wir ahnen.

Die Situationen, aus denen Versorgungsansprüche entstehen, sind zwar in sich begründbar und einander bedingend, allerdings sind sie meist nur ein Symptom für das eigentliche Übel: eine Kindheit, die nicht stattgefunden hat.

Wenn die lebensnotwendige Atmosphäre im Elternhaus fehlt

Meiner Erfahrung und Überzeugung nach besitzt jedes Kind in sich ein untrügliches Gespür für das, was es braucht. Obwohl dies nicht viel ist, scheint es in der heutigen Zeit bei Weitem nicht selbstverständlich zu sein: *ein Zuhause*. Ein Kind braucht ein Zuhause. Ein Zuhause, in dem es täglich willkommen geheißen wird und sich geborgen fühlt. Ein Zuhause, in dem die Atmosphäre eines beständigen *Ja* aller zueinander das Fundament des gemeinsamen familiären Lebens und der Garant für das Wachstum des Kindes ist. Dieses bedingungslose Ja ist allerdings weder mit Gleichmacherei, symbiotischer Verschmelzung noch mit ständig gleicher Meinung zu verwechseln.

Es bedeutet nicht, dass ich alles gutheiße, was du tust. Das Ja zu dir bedeutet, dass ich dich als Person gutheiße und dich in deiner Identität erkenne und bestärke. Es bedeutet, dass ich mich freue, dass du da bist und du bist, wer du bist. Ein echtes Ja zu dir setzt jedoch immer ein Ja zu mir voraus und ein Ja zu mir wiederum die Kenntnis meiner eigenen Identität, meiner eigenen Persönlichkeit. Mich nicht als Maßstab zu nehmen, sondern in dem Wissen um mein Wesen den anderen in seinem zu erkennen und zu begegnen, sein Anderssein nicht als Bedrohung, sondern als

Bereicherung zu erleben – dies ist nicht nur Grundlage einer gelingenden und erfüllten Partnerschaft, sondern auch Grundlage für eine gelingende Elternschaft und das darauf basierende gesunde Leben des Kindes.

Mein Kind in seiner Identität willkommen zu heißen und ihm dazu zu verhelfen, zu dem zu werden, wer es ist, ist wesentlich für dessen zukünftig gesundes, zufriedenes und selbstverantwortliches Leben. Auf der einen Seite ist dies nicht viel. Es ist umso vieles weniger als der ganze äußere Aufwand, welcher heutzutage von vielen Eltern für ihre Kinder betrieben wird. Auf der anderen Seite jedoch scheint dieses wenige immer unmöglicher und scheinbar unrealistischer zu werden. Doch warum scheint das Einfache so schwer?

Die Welt ist voll von Geburtsvorbereitungskursen, von Erziehungsratgebern und von meist gutwilligen Eltern, die stets das Beste für ihre Kinder wollen. Dennoch fehlt immer mehr Kindern ein echtes Zuhause. Verständlicherweise. Denn wie häufig sind Eltern mit ihren eigenen ungeklärten Gegenwarten und Vergangenheiten beschäftigt, wie viele von ihnen wissen um ihre eigene Identität und wie häufig ist es, dass sie diese dann auch leben? Wie viele Eltern hatten selbst ausreichend aufmerksame Eltern und wie viele Eltern können sich selbst Eltern sein? Es sind Erwachsene, Väter und Mütter, die in meinen Vorträgen immer wieder fragen, was ein Dialog mit sich selbst eigentlich bedeutet. Es sind Väter und Mütter, die aufgrund ihrer fehlenden Identität mehr und mehr ausbrennen, während zu Hause die Kinder warten, für die sie das Beste wollen. Eltern, die sich selbst fremd sind, kaum eine Beziehung zu sich selbst haben oder im Kampf mit sich selbst stehen. Eltern, die ihre Partnerschaft durch die Elternschaft längst verloren haben und im äußeren Lärm stumm nebeneinander her leben. Ist dies nicht häufig der Alltag, in dem Kinder auf das Leben vorbereitet werden?

»Was meinen Sie mit ›sich zu Hause fühlen‹?«, fragte ein ausgebrannter Unternehmensberater und Vater von vier Kindern. »Mein Zuhause ist das Flugzeug.«

»Ob ich mich bei meinem Mann zu Hause fühle?«, fragte eine ausgebrannte Immobilienmaklerin und Mutter eines Sohnes. »Ich bin doch schon froh, wenn der zumindest manchmal versteht, was ich meine.«

»Ob ich mich in mir selbst zu Hause fühle? Können Sie mir nicht ein paar Techniken nennen, anhand derer ich lernen kann, mit mir in den Dialog zu kommen?«, fragte ein Vater von zwei Kindern, der sich über seinen eigenen massiven Leistungsanspruch zunehmend erschöpft hatte.

Wie wollen Eltern ihrem Kind ein Zuhause bieten, wenn sie sich weder bei sich selbst noch beieinander zu Hause fühlen? Wie ihrem Kind zu einem authentischen und dem eigenen Wesen gemäßen Leben verhelfen, wenn ihnen das eigene Wesen fremd ist? Wie ihr Kind willkommen heißen, wenn sie sich selbst nicht willkommen fühlen und heißen?

»Meine Frau legt Wert darauf, dass unsere Kinder die beste Erziehung bekommen«, sagte ein Anwalt und berichtete von einem beeindruckenden Wochen- und Wochenendprogramm von Reit-, Ballett-, Klavier-, Hockey- und Englischstunden, die seine fünf- und siebenjährigen Töchter genossen.

»Auf jeden Fall wird mein Sohn es besser haben als ich«, sagte ein erfolgreicher Geschäftsführer, »er bekommt die beste Ausbildung, die der Markt zu bieten hat.«

»Ich will das Beste für meine Tochter, und sie bekommt es auch«, sagte die Partnerin einer Wirtschaftsprüfungsgesellschaft. »Sie soll nicht die Erfahrungen machen müssen, die ich gemacht habe.«

Doch kann das Beste das Wesentliche ersetzen? Ist das Beste für jemand anderen tatsächlich dann zu finden, wenn man sich selbst zum Maßstab nimmt? Haben Sie sich schon einmal gefragt, woran Sie erkennen, was das Beste für Ihr Kind ist? Haben Ihre Eltern es für Sie erkannt?

»Meine Eltern haben zwar das Beste für mich gemeint, aber sie haben nicht *mich* gemeint«, ist eine Erkenntnis von Burnout-Patienten auf der Suche nach sich selbst und den Gründen für das Fehlen ihrer eigenen Identität.

Ob gewollt oder nicht – und nicht selten sogar mit den besten Absichten: Das nicht wesensgemäße Leben der Eltern setzt sich zwangsläufig im Kind fort – mit entsprechenden Konsequenzen für dessen späteres Leben.

»Es muss doch eine Benchmark dafür geben, an der man erkennen kann, dass man mit sich im Dialog ist«, sagte der Partner einer internationalen Rechtsanwaltskanzlei. »Ob ich mich für mich interessiere? Wie definieren Sie ›Interesse‹?«, fragte ein erfolgreicher Manager.

»Ich saß da und hatte alle Möglichkeiten, bis auf eine – ich wusste nicht, was ich wollte, weil ich nicht wusste, wer ich war«, erzählte ein Wirtschaftsprüfer.

»Woran ich mich orientiere?«, fragte eine Anwältin. »An den Ergebnissen. Woran denn sonst?«

Die Kinder von heute sind die Erwachsenen von morgen. Wenn in den ersten Jahren keine angemessene personale Versorgung des Kindes stattgefunden hat, keine Unterstützung im Finden und Fördern der eigenen Identität, dann wird sich dies früher oder später rächen. Ein Kind, das in diesem Sinne nicht ausreichend versorgt wurde, lernt nicht, sich später selbst zu versorgen.

Es hat keine Beziehung zu sich selbst und weiß nicht, wer es ist. In der Unkenntnis der eigenen Identität wird es weder einen Umgang mit den eigenen Bedürfnissen noch mit den eigenen Grenzen kennen. Es weiß zwar um die Allgemeingültigkeiten, aber es weiß nicht um die eigenen Gültigkeiten. Wie soll ein Kind sich selbst kennenlernen, wenn es von seinen Eltern nicht erkannt wird? Es wird sich selbst fremd sein und sich, wenn es im Erwachsenenalter nichts unternimmt, auch bis zu seinem Lebensende fremd bleiben.

Egoismus ja – Egozentrik nein

»Ich« zu sagen ist Grundlage für jede Beziehung. Ohne Ich kein Dialog. Ohne Ich kein Miteinander. Wenn der Egoismus fehlt, dann ist die Egozentrik nah und Krankheit nicht fern.

Bedauerlicherweise besteht nach wie vor die weitverbreitete Meinung, dass Egoismus »schlecht« sei. Dass Egoismus nicht nur Grundlage für Gesundheit und Zufriedenheit, sondern auch für ein Miteinander ist, dass gerade der fehlende Egoismus zu Krankheit und Konflikten führt, das scheinen die wenigsten zu erkennen. Ein gesundes, selbstbestimmtes und dem eigenen Wesen entsprechendes Leben setzt gesunden Egoismus voraus. Gäbe es mehr Egoismus, so gäbe es mehr Eigenverantwortung und weniger Versorgungsansprüche.

Doch möglicherweise wissen diejenigen, die den Egoismus so vehement ablehnen, gar nicht, was Egoismus bedeutet: Egoismus bedeutet nichts anderes, als auf sich bezogen zu sein. Erst wenn ich dazu in der Lage bin, mich auf mich zu beziehen, kann ich mich auch auf andere beziehen und einen Dialog auf Augenhöhe führen. Erst wenn ich »Ich« sagen kann, kann ich auch »Du« meinen und bereit für ein Wir sein.

Egoismus bedeutet nichts anderes, als auf sich bezogen zu sein. Erst wenn ich dazu in der Lage bin, mich auf mich zu beziehen, kann ich mich auch auf andere beziehen und einen Dialog auf Augenhöhe führen.

Die Grundlage, sich auf sich beziehen zu können, wird im Elternhaus gelegt. Was jedoch geschieht, wenn dies nicht der Fall ist, welche Konsequenzen sich daraus ergeben können und inwieweit dadurch die Entstehung und der Verlauf von Burnout beeinflusst werden, dies soll im Folgenden näher erläutert werden.

Je weniger ein Kind in seiner Identität bestätigt und gefördert wurde, je weniger die Eltern sich auf sein Wesen bezogen haben, desto weniger wird es später dazu in der Lage sein, sich auf sich zu beziehen. Sein Hunger nach und seine Abhängigkeit von äußerer Selbstbestätigung werden dafür umso größer sein. Die Folgen, die sich daraus ergeben, sind fatal und mittlerweile zu einem Merkmal unserer Gesellschaft geworden. Wenn jemand nicht auf sich bezogen ist, nicht mit sich in Beziehung steht, so unterliegt er früher oder später dem Gesetz des Ausgleichs, demzufolge dem einen Extrem irgendwann das entgegengesetzte folgt. Dies bedeutet: Der fehlende Egoismus wird durch eine ausgeprägte Egozentrik ersetzt. Dort, wo das Ich gefehlt hat, wird das Ich nun plötzlich zum Zentrum der Welt. Die Selbstzentriertheit wird zur vergeblichen Wiedergutmachung der Selbstlosigkeit.

So rächt sich eine nicht wesensgemäße und bestätigende Erziehung des Kindes durch eine ausgeprägte Egozentrik im Erwachsenenalter. Je weniger das Wesen des Kindes im Mittelpunkt stand, desto größer wird sein späterer Zwang zur Selbstzentriertheit. Man selbst wird zum Mittelpunkt der Welt mit all den damit verbundenen Selbstgefälligkeiten, Ansprüchen, Nöten und Notwendigkeiten. Die Betroffenen unterliegen einem verständlichen Paradox: Je weniger ich in Beziehung zu mir stehe, desto mehr muss ich um mich selbst kreisen.

Diese Selbstumkreisung kann unterschiedliche Gestalt einnehmen. Eine davon ist irgendwann der Weg in die Krankheit und das Beschäftigen mit Krankheitssymptomen. Dies folgt dem Prinzip »Je weniger ich mich in der Vergangenheit auf mich bezogen habe, desto mehr beziehe ich mich jetzt auf meine Krankheit und durch meine Krankheit auf mich«. Die Krankheit bietet die beste Möglichkeit, sich »um sich selbst« zu kümmern. Mehr noch: Sie zwingt einen fast dazu. Das Leid dabei ist jedoch groß, denn die Selbstumkreisung führt nicht zur Lösung.

Im Gegenteil: Die Betroffenen drehen sich ständig um sich selbst und um ihre verschiedensten Symptome, während die eigene Bezugslosigkeit und Isolation wachsen und die Hilflosigkeit zunimmt. Immer weiter von sich und damit auch von der Eigenverantwortung entfernt, wird irgendwann von der Umwelt verlangt, die Versorgung zu übernehmen und das Leid dadurch zu lindern. Begründet wird dies bewusst mit der eigenen Hilflosigkeit und Schwäche, unbewusst jedoch mit dem »Rechtsanspruch«, dass das, was von den ersten Bezugspersonen zu Unrecht nicht erfüllt wurde, nun von den jetzigen Bezugspersonen wiedergutzumachen sei. Die damals fehlende persönliche Versorgung des Elternhauses wird zur unbewussten »Rechtsgrundlage« für den heutigen Anspruch auf Rücksichtnahme und die Forderung »Kümmert euch um mich!«. Dass die Rettung durch die anderen verlangt wird, ist verständlich: Wer nicht gelernt hat, sich auf sich zu beziehen und sich an dem eigenen Wesen zu orientieren, der kann sich nur in Freud und vor allem im Leid an sein Umfeld wenden.

Eine Frau wuchs als Einzelkind in einem wohlbehüteten, gutbürgerlichen Elternhaus auf. Als Spielball zwischen den Eltern, von Beginn an in der Funktion als Vermittlerin, Freundin und Beschützerin der Mutter gegen den Vater, erfuhr sie nicht die Annahme der eigenen Person und Förderung ihres Wesens. Stattdessen wurde die vermeintliche eigene Identität in der Versorgung der anderen gesehen.

»Wer bin ich eigentlich in meinen Bedürfnissen und Wünschen?«, »Was heißt es, mir selbst zur Seite zu stehen?«, »Was sind meine Grenzen?«, »Was sind meine Fähigkeiten?« – all dies konnte in der von Beginn an stattfindenden Grenzüberschreitung der Eltern durch die Funktionalisierung des Kindes nicht stattfinden. Das Kind lernte, für das Leben der Eltern zu sorgen, nicht aber, zu seinem eigenen Leben zu finden. Die Konsequenz waren früh auftretende psychosomatische Symptome in Form von depressiven Verstimmungen, die zu zahllosen Klinikaufenthalten führten und eine Berufstätigkeit nach und nach unmöglich machten. Zwischen Studiengängen, Kliniken, Eltern und wechselnden Partnerschaften spielt sich bis heute das Leben der 35-Jährigen ab, die als Kind in eine erwachsene Rolle gedrängt wurde und als Erwachsene nun die Rolle des zu versorgenden Kindes einnimmt.

Ein Mann wuchs in einem Elternhaus auf, dessen Atmosphäre vom patriarchalischen Stil des Vaters geprägt wurde, der Leistung als Maßstab für Anerkennung propagierte, welche gleichzeitig vor dem Hintergrund des Grundsatzes »Es geht immer noch besser« unerreichbar war. Nur bei Leistung willkommen zu sein, machte in diesem Fall die Entwicklung eines echten Selbstwertes und das Finden einer eigenen Identität unmöglich. Die eigene Existenz, das Ich, befand sich in der steten Abhängigkeit von der Leistung. »Ich existierte nur, wenn ich etwas geleistet hatte«, berichtete der Mann später in der Behandlung. Unterstützt wurde dies durch die depressive Mutter, für die er nicht der Sohn war, sondern früh als Beschützer gegenüber der väterlichen Gewalt fungierte. »Das Gefühl, dass jemand mich um meiner selbst willen mochte, das gab es nicht.« Die unerfüllte Sehnsucht nach echter Anerkennung und Bestätigung führte zu einer grenzenlosen Arbeitswut und beachtlichen Karriere.

Die Konsequenzen waren immer wieder auseinanderbrechende Beziehungen und schließlich ein Burnout mit 42, gefolgt von der erschreckenden Erkenntnis, ein erfolgreiches Leben jenseits seiner eigenen Identität geführt zu haben. Der Wunsch, »nun endlich auch mal dran zu sein, nachdem ich mir jahrelang den A... aufgerissen habe«, führte zu immer neuen Krankheitssymptomen. Die einzige Möglichkeit, sich selbst nahe zu sein, wurde die Beschäftigung mit dem eigenen Körper. Der Mann versuchte, das über viele Jahre fehlende Um-sich-Kümmern durch die ständige Fixierung auf die eigenen Krankheitssymptome wiedergutzumachen, während er gleichzeitig von der Außenwelt die Versorgung forderte. Wie bei vielen anderen, die nicht mit sich in Beziehung stehen und über kein Selbstwertgefühl verfügen, bestand bei dem Mann die hohe Bereitschaft zur Selbstopferung, um die Umwelt zu bestrafen und um das durchzusetzen, was ihm seiner Ansicht nach zustand. In diesem Fall war es die »wohlverdiente« Frühverrentung mit 43.

Unsere Herkunft legt die Grundlage dafür, wer wir später sind

Je weniger ein Mensch in seiner Kindheit auf seine Kosten gekommen ist, desto größer ist die Wahrscheinlichkeit, dass er später ein Leben auf Kosten seiner Umwelt und seiner selbst führen wird. Das Fehlende rächt sich mit der Forderung nach Wiedergutmachung. Die Grundlage für ein ausgebranntes Leben wird also immer auch in der Kindheit und in vielen Fällen sogar im Wesentlichen dort gelegt. In der Kindheit entscheidet sich, womit ich für mein späteres Leben ausgestattet werde. Prägend sind dabei viel weniger die einzelnen Erlebnisse als vielmehr die alltägliche Atmosphäre, die zu Hause geherrscht hat.

Die Grundlage für ein ausgebranntes Leben wird also immer auch in der Kindheit und in vielen Fällen sogar im Wesentlichen dort gelegt.

Es sind die Beziehungen untereinander, die uns prägen, das alltägliche Miteinander, das bleibende Spuren hinterlässt. So hat es zentrale Auswirkungen auf mich als Kind, wie meine Bezugspersonen – meistens meine Eltern – miteinander umgegangen sind, und es hat zentrale Auswirkungen auf mich, wie mit mir umgegangen wurde. Das hat deshalb zentrale Auswirkungen, weil ich daraus den späteren Umgang mit mir selbst und mit anderen lerne.

Je weniger ich in meiner Kindheit vorkomme, je weniger Beziehung zu mir aufgenommen wurde, desto mehr werde ich auch in meinem späteren Leben fehlen und desto schwerer wird es mir fallen, mir selbst zur Seite zu stehen. Die Atmosphäre des häuslichen Miteinanders ist die Grundlage für meine spätere Sozialisation und Individuation – sowohl im Positiven als auch im Negativen. Das Bedürfnis nach echter emotionaler Annahme und Bestätigung ist dabei groß – das kindliche Gespür von Echtem, von Authentizität, ist ebenso unverkennbar wie untrüglich.

Je mehr ich als Kind in meiner Person bestätigt und in meiner Identität gefördert werde, desto stärker macht mich dies für meine zukünftige Lebensgestaltung, und das bietet die beste Voraussetzung für meine Gesundheit. Jemand, der weiß, wer er ist, weiß, was es heißt zu leben. Jemand, der sein Wesen kennt, kennt seine Möglichkeiten und seine Grenzen und hat die Möglichkeit zu selbstverantwortlichem Handeln.

Je weniger diese personale Annahme jedoch in frühen Jahren geschieht, desto größer ist später nicht nur der ungestillte Hunger nach Anerkennung und Bestätigung, sondern eben auch die Unfähigkeit, mit sich selbst in Beziehung zu treten und für sich selbst ausreichend zu sorgen. Der daraus resultierende Anspruch auf Versorgung und Wiedergutmachung hat immense Konsequenzen – nicht nur für die Umwelt, sondern auch für den Betroffenen selbst. Vergeblich die Lösung und Rettung im Außen suchend, bringt er sich erneut um sein – diesmal erwachsenes – Leben und das Leid der vermeintlichen eigenen Minderwertigkeit und der Nichtexistenz wird weiter zementiert.

Das, was war, ist gewesen, und das, was nicht war, ist nicht nachzuholen

In meinen Vorträgen bringe ich häufig das folgende Beispiel einer Personalleiterin Ende 30, die nach einem Mobbingkonflikt ein Burnout-Syndrom entwickelt hatte und nicht zurück in den Arbeitsalltag fand. Ein Auflösungsvertrag, verbunden mit einer hohen Abfindung, ermöglichte eine längere Auszeit, in der sie sich zunächst um sich und einen neuen Job kümmern wollte. Trotz vieler Angebote »war irgendwie nichts Richtiges dabei«, die Frau entschied sich für die Arbeitslosigkeit mit der weiteren Überlegung, »irgendwie noch mal was studieren zu wollen«. Nun werde ich in meinen Vorträgen immer wieder gefragt: »Aber eine neue Weichenstellung im Leben – was ist daran schlimm?« – »Was ist daran schlimm, wenn ich mit 40 erkannt habe, dass ich kein Ingenieur mehr sein möchte, sondern Mediziner, und noch einmal anfange, zu studieren oder eine andere Ausbildung zu machen?« Nun, schlimm ist dies nicht. Natürlich ist es möglich, sein Leben zu verändern, wenn man erkannt hat, dass das, was man tut, nicht der eigenen Identität entspricht. Allerdings stellt sich meines Erachtens nach immer die Frage: Ist das der jetzigen Lebensrealität und Lebensphase angemessen?

Ist der Preis angemessen, den ich und mein Umfeld dafür zahlen? Ist das, was ich will, der jetzigen Lebensrealität und Lebensphase angemessen oder will ich etwas nachholen, was ich in den früheren Jahren versäumt habe, was aber nicht mehr nachzuholen ist?

Versäumnisse aus früheren Lebensphasen sind nicht wiedergutzumachen – dort Versäumtes kann nicht nachgeholt werden. Eine schwere Kindheit bleibt eine schwere Kindheit. Sie können sie nicht mehr verändern, denn Sie sind nicht mehr das Kind. Eine gescheiterte Ehe und die damit verbundene Lebensphase ist nicht durch eine neue Ehe wiedergutzumachen, ebenso wenig wie die verlorene Jugend durch eine junge Partnerin oder einen jungen Partner nachgeholt werden kann. Sie sind immer nur der, der Sie *jetzt* sind, und nicht der, der Sie einmal waren. Jedes Defizit in der Vergangenheit bleibt ein Defizit, ebenso wie jede Wunde, die in Ihrem Leben entstanden ist, eine Wunde bleibt. Sie kann im besten Falle zu einer Narbe werden, verschwinden aber wird sie nie. Nicht gelebtes Leben kann nicht nachgelebt werden. Die einzige Chance, die Sie haben, ist, sich in der Gegenwart darum zu kümmern, dass Ihre Wunden zu Narben werden und im Hier und Jetzt das zu leben, was Ihnen heute entspricht.

Die Frau aus meinem Beispiel hatte aufgrund von Konflikten die Studienzeit nicht ausreichend genießen können. Der Wunsch, jetzt noch einmal zu studieren, war also vielmehr dem Wunsch geschuldet, sich als Studentin zu fühlen, und diente weniger dem weiteren Aufbau eines längst erwachsenen Lebens.

Das Leben ist vergänglich. Es findet immer nur im Jetzt statt. Wer dies nicht erkennt und Vergangenem nachjagt, wird nicht nur in der Gegenwart, sondern auch in der Zukunft am Leben scheitern. Er wird scheitern, weil er nicht dem, was *jetzt* ist, Rechnung trägt, sondern versucht, das wiederherzustellen, was längst gewesen ist beziehungsweise nie war.

Damit nimmt er sich nicht nur die Chance auf eine zufriedene Vergangenheit in der Zukunft, sondern er nimmt sich auch die Grundlage des gesunden Lebens: sein eigenes Sein.

Der Umgang mit Burnout

Erst wenn erkannt wird, dass es kein gesundes Leben in einem falschen geben kann, und die Konsequenzen gezogen werden, besteht die Chance auf echte Veränderung und langfristige Gesundheit.

Ich beschreibe den Punkt der Wiedergutmachung nicht mit dem Ziel der Schuldzuweisung, sondern mit dem Ziel der Aufklärung und der notwendigen Konsequenz, die sich daraus für den Umgang mit Betroffenen ergeben sollte – wenn das Ziel die Gesundheit und nicht die andauernde Versorgung ist.

Gesund zu werden, bedeutet in der Konsequenz immer Eigenverantwortung, sowohl in einer therapeutischen Behandlung oder Beratung als auch im beruflichen und privaten Umfeld. Nur wer seinen eigenen (mächtigen) Anteil erkennt, nur wer erkennt, warum er krank geworden ist, und bereit ist, dafür Verantwortung zu übernehmen, kann sich aus seiner scheinbaren Ohnmacht befreien, entsprechende Maßnahmen zur Veränderung einleiten und gesund werden. Viele Be-

Gesund zu werden, bedeutet in der Konsequenz immer Eigenverantwortung.

handlungen sind deswegen nicht erfolgreich, weil sie an der Macht der Ohnmacht scheitern, den Punkt der Wiedergutmachung nicht erkennen und nicht adäquat darauf reagieren.

Die langen Ausfallzeiten sprechen für sich. Weder reine Verhaltensanweisungen noch ein einfaches Darüber-Sprechen, die Vermittlung irgendwelcher Tools, Entspannungsübungen oder all das, was sonst noch so in Burnout- Behandlungen versucht wird, führen zur Heilung, wenn die Krankheitssymptomatik mit einem Versorgungsanspruch oder Wiedergutmachungsanspruch verbunden ist. Sie sind dann nichts anderes als ein kostspieliges Herumdoktern an der Oberfläche – unabhängig davon, ob dies aus privater Tasche gezahlt oder von der Krankenkasse übernommen wird. Einen Wiedergutmachungsanspruch zu lösen, ist eine große Herausforderung und geht weit über die rationale Ebene und meist über das Bewusste hinaus. Es erfordert, den Betroffenen, der von seiner Opferposition und seinem Recht auf Wiedergutmachung überzeugt ist, mit seiner machtvollen Ohnmacht zu konfrontieren, was häufig mit massivem Widerstand und Abwehr verbunden ist.

Es ist eine große Herausforderung für den Behandler, ein Maß zu finden, das sowohl die inneren Realitäten des Betroffenen anerkennt als auch die äußere Realität eines erwachsenen, eigenverantwortlichen Lebens nicht aus den Augen verliert. Erst wenn der Betroffene nicht mehr die Schuld und Erlösung in der Außenwelt sucht, sondern seine Gesundheit eigenverantwortlich in die Hand nimmt und erkennt, dass dies nicht nur Last, sondern vor allem auch Befreiung ist, dann ist ein großer Schritt getan. Dies bedeutet, dass eine erfolgreiche Therapie eben nicht einfach aus angenehmen Gesprächen besteht, sondern aus Konfrontation und harter Arbeit. Obwohl sicherlich niemand dieser Tatsache widersprechen wird, sieht der Behandlungsalltag leider trotzdem häufig anders aus.

Viel zu oft bleibt die Behandlung eine Berichterstattung des Patienten über das Leid, das ihm widerfahren ist, ohne dass er bis zu seiner Eigenverantwortung und zur anschließenden Lösung vordringt. Bestenfalls kommt es am Ende zu einem rationalen Erkenntnisgewinn und dem Gefühl, es sei »schön, einmal darüber gesprochen zu haben«. Die Beziehung zu sich selbst wurde jedoch bis zum Ende vermieden. Die Möglichkeit zur Rückkehr in das bekannte beziehungslose Leben ist allerdings in den meisten Fällen begrenzt und die Rückfallquote dementsprechend hoch, nicht nur zum Leidwesen des Umfelds, sondern vor allem auch dem des Betroffenen.

Was also kann man tun?

Burnout ist mehr als eine bloße Überforderung. Burnout ist eine Aufforderung. Es ist die Aufforderung zu einem wesensgemäßen Leben.

Was kann nun die Konsequenz für das alltägliche Leben sein? Was wäre notwendig für die Aufrechterhaltung und Anbahnung eines gesunden Lebens – wenn wir wissen, dass Gesundheit eine Frage von Identität und Heimat ist und diese in den ersten Jahren ihre lebensentscheidenden Grundlagen finden? Die Eltern unter Ihnen, die nicht das wiederholen möchten, unter dem Sie möglicherweise als Kind selbst gelitten haben, was könnten Sie tun in dieser Welt voller Beziehungs- und Erziehungsratgeber, Veranstaltungen, Kurse, Meinungen, Trends? Was könnten Sie tun, um Ihrem Kind zu einem gesunden und erfüllten Leben zu verhelfen?

Warum nicht bei dem Einfachen anfangen? Bei dem Einfachen und Wenigen, in dem Wissen, dass einzelne Erlebnisse die Kinder um so vieles weniger prägen als die Atmosphäre des täglichen Miteinanders.

Warum nicht einmal innehalten, den Blick auf sich selbst richten und die Frage nach der Identität stellen, die Frage nach der eigenen Identität und die Frage nach dem authentischen Miteinander? Sind Sie in Ihrer Partnerschaft und in Ihrer Familie der, der Sie wirklich sind? Gibt es bei Ihnen ein uneingeschränktes Ja zueinander, dessen Begründung nicht in dem eigenen Maßstab, sondern in dem Erkennen der jeweils anderen Person, in ihrer Persönlichkeit liegt? Ob jung oder alt – *so, wie du bist, bist du gut, weil du der bist, der du bist!* Können Sie auf diese Weise Ihrem Partner und Ihren Kindern begegnen?

Warum nicht einmal innehalten, den Blick auf sich selbst richten und die Frage nach der Identität stellen, die Frage nach der eigenen Identität und die Frage nach dem authentischen Miteinander?

Um erneut mögliche Missverständnisse auszuräumen: Ich beschreibe hier keine Atmosphäre, in der es keine Grenzen und Regeln gibt. Ich beschreibe eine Atmosphäre, die von dem geprägt wird, was später Beziehungs- und damit verbundene Konfliktfähigkeit ausmacht: die Fähigkeit, »Ja« zu der Person, aber durchaus auch »Nein« zu der Sache zu sagen. Die Fähigkeit, sich selbst nicht als Maßstab zu nehmen und den anderen, egal, wie alt er ist, als eigenes Individuum anzuerkennen, die Fähigkeit zum Wesentlichen. Wie wäre es, wenn Sie sich auch die Frage danach stellten? Die Frage nach dem Wesentlichen – nach Ihrem Wesen und dem Wesen Ihrer Familie, die Frage nach einem Zuhause. Solange wir dem nicht Rechnung tragen, so lange wird in einer materiell reichen Welt die innere Armut zunehmen und die heimatlosen Kinder von heute werden die ausgebrannten Erwachsenen von morgen sein.

Und was können die vielen Kinder unter den Erwachsenen tun, diejenigen, die kein Zuhause erfahren haben und sich selbst fremd geblieben sind?

Die trotz ihres äußeren Erwachsenseins innerlich ratlos vor den Problemen einer adäquaten eigenen Versorgung und erfüllten Lebensgestaltung stehen und die in Unkenntnis der eigenen Grenzen sind? Die nicht wissen, was sie brauchen, weil sie nicht wissen, wer sie sind? Die leistungsstarken Ausgebrannten, was können sie tun?

Auch sie könnten innehalten und sich auf das Einfache und Wenige beschränken. Den Blick von der Außenwelt als dem vermeintlichen Maß aller Dinge abwenden und ihn nach innen richten, suchend auf die eigene Identität, nach dem tatsächlichen Maß ihrer selbst. Auch Sie könnten die Frage nach einem Zuhause stellen – nach Ihrem Zuhause. Auch Sie könnten mit sich in Beziehung treten und sich die Frage nach dem Ja stellen – dem Ja zu sich selbst, dem Ja zum eigenen Wesen ... für ein gesundes und wesensgemäßes Leben. Damit Ihnen dies gelingt, braucht es jedoch folgende Bereitschaft: Sie müssen bereit sein, Abschied zu nehmen. Abschied zu nehmen von dem, was nicht war und was hätte zu Recht sein müssen. Abschied nehmen von einer Lebensphase, in welcher normalerweise das Fundament für Ihr eigenes Leben hätte gelegt werden müssen – und was nicht geschehen ist. Sind Sie bereit, dies anzuerkennen und für immer darauf zu verzichten? Darauf, dass Ihnen notwendige Fundamente in Ihrem Elternhaus nicht mitgegeben worden sind, durch ein falsches Zuviel oder Zuwenig? Können Sie Abschied nehmen von Ihrem Anspruch auf Wiedergutmachung? Von Ihrer hoffenden Überzeugung, andere könnten Ihr Leben für Sie richten? Das müssten Sie. Sie müssten von alldem Abschied nehmen, um im Hier und Jetzt das zu leben, was jetzt (möglich) ist – um nicht bis zum Ende dem eigenen Leben hinterherzulaufen und in jeder neuen Lebensphase die vorherige zu betrauern, die nicht war.

Vom Umgang mit Betroffenen

Wenn jemand ausgebrannt ist oder kurz davorsteht, so stellt dies nicht nur eine Herausforderung für den Betroffenen, sondern auch für sein Umfeld dar. Was ist in dieser Situation das richtige Maß? Wo sind die Grenzen? Was ist machbar? Was ist notwendig? Was ist hilfreich? Was ist hinderlich? Worauf ist zu achten?

Im folgenden Kapitel möchte ich auf Möglichkeiten verweisen, wie Menschen im privaten und beruflichen Umfeld begegnet werden kann, die unter einem Burnout leiden, die gefährdet sind, und ebenso, was Betroffene selbst tun können.

Im Unternehmen

Nach wie vor fühlen sich viele Unternehmen überfordert, wenn es darum geht, den richtigen Umgang mit Betroffenen zu finden. In der Ambivalenz zwischen sozialem Gewissen und Gewährleistung des unternehmerischen Erfolgs schwanken viele zwischen »Man muss alles für den erkrankten Mitarbeiter tun, was dieser fordert« und »Burnout? Das gibt es bei uns im Unternehmen nicht«. Weder das eine noch das andere ist für die langfristige Gesundheit aller zielführend. Doch was können Sie konkret als Unternehmer tun, was als Führungskraft und was als Personalverantwortlicher? Wie kann ein richtiger Umgang mit Betroffenen aussehen?

Zunächst einmal gilt: Tun Sie das Gleiche, was Sie für ein gesundes Arbeitsklima tun. Pflegen Sie eine Kultur des Dialogs auf Augenhöhe (für weitere konkrete Empfehlungen für eine gesunde Unternehmenskultur im Sinne einer Burnout-Prävention siehe den Anhang). Dies bietet die Grundlage für einen angemessenen Umgang mit Höhen und Tiefen.

Des Weiteren: Störungen haben auch hier Vorrang. Für den Umgang mit Betroffenen bedeutet dies konkret: Sprechen Sie den Betroffenen direkt bei den ersten Anzeichen an. Viele scheuen sich, dies zu tun. Aus Angst, dem anderen zu nahe zu treten oder zu privat zu werden, wird geschwiegen, während sich der Betroffene immer weiter in einer Abwärtsspirale bewegt und nicht nur sich selbst, sondern auch seinem Umfeld zunehmend schadet. »Ich weiß nicht, wie ich den Mitarbeiter ansprechen kann«, sagte eine Managerin, »ich kann doch nicht sagen, dass er zum Arzt gehen soll.« Doch, Sie können. Als Vorgesetzte haben Sie nicht nur das Recht, sondern auch die Pflicht, Störungen anzusprechen, die sich nachteilig auf das Arbeitsklima und die Leistung auswirken. Allerdings ist auch hier das Wie entscheidend: Sprechen Sie Ihren Mitarbeiter direkt an, aber nicht, indem Sie ihn auf unsensible Art mit dem Vorwurf konfrontieren, dass er in der letzten Zeit keine Leistung mehr gebracht habe oder immer zu erschöpft und zu unkonzentriert sei, sondern formulieren Sie Ihre Beobachtung als das, was sie ist: Ihre Wahrnehmung. Das kann zum Beispiel so aussehen: »Ich erlebe Sie in der letzten Zeit zunehmend unkonzentriert und erschöpft. Wie sehen Sie das?« Über diese Frage kommen Sie in den Dialog. Häufig reagieren die Betroffenen erleichtert, sodass dann gemeinsam nach einem Weg gesucht werden kann, wie mit der Situation umzugehen ist. Je nachdem, wie Sie sich persönlich in Ihrer Führungsfunktion sehen, wäre es ausreichend, dem Betroffenen dann zu raten, sich helfen zu lassen: »Haben Sie sich schon einmal überlegt, sich professionelle Unterstützung zu holen?« Entweder gibt es bereits eine Burnout-Sprechstunde in Ihrem Unternehmen, auf die Sie verweisen können, oder Sie verweisen auf den Betriebsarzt, der ebenfalls Behandlungswege bahnen kann.

Deutlich sollte dabei jedoch immer werden: Du, Mitarbeiterin oder Mitarbeiter, stehst in der Verantwortung, jetzt die Reißleine zu ziehen. Ich, dein Vorgesetzter, bin bereit, dich darin zu unterstützen. Lassen Sie sich nicht dazu verleiten, Löcher zu stopfen (Kollege A übernimmt für eine kurze Zeit die Aufgabe des Betroffenen), und lassen Sie sich auch nicht vertrösten (»Wenn ..., dann kümmere ich mich darum«). Es sollen zielorientiert die Notwendigkeiten durchdacht werden, damit der oder die Betroffene wieder ganz gesund wird.

Nicht immer jedoch sind die Betroffenen dazu bereit, sich die eigene Situation einzugestehen. Wie ist mit denjenigen umzugehen, die ihren Zustand bis zum bitteren Ende verleugnen?

Suchen Sie auch in diesem Fall das direkte Gespräch, seien Sie sich dabei aber bewusst, dass hier häufig eine Schallmauer durchdrungen werden muss. Wenn der Betroffene Ihre Wahrnehmung nicht teilen kann, lassen Sie sich nicht abwimmeln, halten Sie Ihre Beobachtung aufrecht und begründen Sie diese mit Fakten. Bleiben Sie bei der notwendigen Empfehlung der professionellen Hilfe, verbunden mit der Frage nach Konsequenzen (»Haben Sie sich einmal überlegt, was es für Konsequenzen haben wird, wenn Sie nichts ändern?«). Machen Sie deutlich, dass Sie eine Behandlung und einen Genesungsprozess voll unterstützen, aber nicht bereit sind, die Dinge weiterlaufen zu lassen. Dies erfordert manchmal auch, klare Grenzen zu setzen oder zu bewirken, dass der Betroffene neu eingesetzt wird, damit möglichst wenig Verluste für das Unternehmen, das Team und für ihn selbst entstehen.

Denken Sie daran, dass viele Betroffene auf dem Weg zum Burnout eine regelrechte Arbeitswut entwickeln, gleichzusetzen mit dem Alkoholiker, der am Ende nur noch an der Flasche hängt – mit gravierenden Schäden für ihn und sein Umfeld. Wenn Sie einem Betroffenen also auf dem Weg zum Burnout sogar noch zusätzliche Projekte geben, dann tun Sie nichts anderes, als einem Alkoholiker die Flasche zu reichen.

> *Der erste Schritt auf dem Weg zur Veränderung ist die Erkenntnis.*

Der erste Schritt auf dem Weg zur Veränderung ist die Erkenntnis. Was ist zu tun, wenn die Erschöpfung von allen Seiten offen ausgesprochen worden ist? Wie kann das Unternehmen den Burnout-Betroffenen unterstützen, ohne darüber selbst auszubrennen?

1. Ermöglichen Sie es dem Mitarbeiter und Kollegen, gesund zu werden. Dies tun Sie, indem Sie die Krankschreibung akzeptieren und seine Auszeit respektieren. Dabei sollte die Auszeit klar umschrieben und keine »never ending story« sein, die immer wieder verlängert wird. Sollte ein Mitarbeiter sich in einem ständigen On-off-Status befinden, in dem er zwei Tage da und dann wieder krank ist, sprechen Sie ihn direkt an oder verweisen Sie auf den Betriebsarzt und unterstützen beziehungsweise fordern Sie eine klare Linie.
2. Unterstützen und respektieren Sie die Wiedereingliederung des Betroffenen. Wenn Sie wollen – und es Ihrem Verhältnis entspricht –, bieten Sie am Anfang der Wiedereingliederung ein Gespräch an, in dem Sie mögliche Brennpunkte besprechen und einen Umgang darüber abstimmen. Ansonsten behandeln Sie den Betroffenen wie jeden anderen Mitarbeiter und Kollegen – im Dialog und auf Augenhöhe. Werden Sie weder zu seiner Mutter oder zu seinem Vater noch zu seinem Vormund, der dafür zu sorgen hat, dass es ihm gut geht.
   Erwarten Sie Selbstverantwortung und gegebenenfalls direkte Ansprache an Sie, wenn Schwierigkeiten auftreten. Nehmen Sie ihm keine Arbeiten ab, die Sie anderen auch nicht abnehmen würden. Vertreten Sie die Haltung: Wenn jemand wieder voll arbeitsfähig geschrieben ist, ist er auch voll arbeitsfähig. Alles andere führt früher oder später zu Unmut auf allen Seiten – zunächst auf der der Kollegen, welche die Mehrarbeit machen müssen, oder Ihrer eigenen, weil Sie die Aufgaben übernehmen, und am Ende bei dem Betroffenen, der unter dem Unmut seines Umfelds leidet.
3. Von Anfang an bis zum Ende gilt: Pflegen Sie den offenen Dialog, indem Sie dem Betroffenen in Anerkennung seiner Person und der Arbeitsrealitäten die bestmögliche Unterstützung geben, eigenverantwortlich gesund zu werden. Sorgen Sie dabei für eine klare und konsequente Linie, die jedoch –

natürlich nur dort, wo es möglich ist – gesunde Kompromisse nicht ausschließt.

In der Partnerschaft

Die Gefahr, sich selbst zu erschöpfen, während man sich um den kranken Partner kümmert, ist hoch, und es ist eine Tatsache, dass viele Partnerschaften aufgrund des Burnouts eines Partners immer weiter erlöschen – so weit, bis sie irgendwann ausgebrannt sind. Viele Ehepartner stecken aus falsch verstandener Rücksicht gegenüber ihrem kranken Partner immer wieder und so weit zurück, bis sie irgendwann selbst auf dem Weg in den inneren Rückzug sind. Um dies zu vermeiden, gilt auch hier der folgende Grundsatz: Bleiben Sie im Dialog auf Augenhöhe!

Werden Sie nicht zum Versorger Ihres Partners – Sie helfen weder ihm noch sich oder Ihrer Partnerschaft, wenn Sie ihn zu einem hilflosen Kind degradieren. Im Gegenteil, sagen Sie weiter »Ja«, wenn Sie Ja meinen, und »Nein«, wenn Sie Nein meinen. Machen Sie nicht den Fehler, Grenzen aufzuheben, wo (Ihre) Grenzen sind. Das schließt natürlich eine besondere Rücksichtnahme in der akuten Phase nicht aus – ebenso wenig wie Ihre Unterstützung und Hilfe –, allerdings niemals auf Ihre Kosten. Denken Sie an den gesunden Kompromiss und die Fähigkeit, in bestimmten Lebensrealitäten zurückzustecken, ohne die eigene Identität zu verlieren. Sorgen Sie dafür, dass Sie im Dialog mit sich selbst bleiben. Achten Sie auf ein Gleichgewicht zwischen Nehmen und Geben in Ihrem Leben.

In der Behandlung

Eine erfolgreiche Burnout-Behandlung sieht anders aus, als sich nur um bloßes Zeitmanagement zu kümmern oder sich willentlich vorzunehmen, von jetzt an einfach mal mehr Grenzen zu ziehen. Eine erfolgreiche Burnout-Behandlung beinhaltet mehr als rationale Erkenntnisse und irgendwelche Tools, welche der

Betroffene abzuarbeiten hat. Ein Burnout erfolgreich zu behandeln, heißt, sich mit dem Betroffenen auf die Suche nach ihm selbst zu machen – auf die Suche nach seinem Wesen, die Suche nach seiner Identität, die Suche nach seinem Zuhause. Es gilt zu verstehen, worüber der Mensch ausgebrannt ist – waren es seine inneren oder waren es seine äußeren Realitäten? Warum ist er ausgebrannt – und vor allem: Wie ist er ausgebrannt? Wie ist er in den einzelnen Lebensbereichen aufgestellt? Wie bewusst ist er sich seiner selbst? Warum hat er den Dialog zu sich selbst verloren? Oder hat er ihn möglicherweise nie gehabt?

Ein Burnout erfolgreich zu behandeln, heißt, sich mit dem Betroffenen auf die Suche nach ihm selbst zu machen – auf die Suche nach seinem Wesen, die Suche nach seiner Identität, die Suche nach seinem Zuhause.

Häufig gilt es zu Beginn der Behandlung, den Anspruch auf »Rettung von außen«, den Anspruch auf Versorgung und in vielen Fällen auch den Wunsch nach Wiedergutmachung aufzulösen. Erst dann kann der Blick auf die eigene Identität des Betroffenen und seine Möglichkeiten gelenkt werden. Dies bedeutet oft, dass der Betroffene zunächst über die ihm widerfahrenen Ungerechtigkeiten wüten und über das Verlorene trauern muss.

Dabei gilt es jedoch, immer den Blick für die eigenen Verantwortlichkeiten aufrechtzuerhalten – fern von Moral und Schuld.

Ziel ist es, den Betroffenen darin zu unterstützen, sich aus der eigenen Ohnmacht zu befreien und auf deren Macht zu verzichten, indem er zu seiner Eigenmacht und Handlungsmacht findet. Grundlage einer erfolgreichen Burnout-Therapie ist es, den Dialog mit sich selbst zu suchen und die Beziehung zu sich selbst aufzunehmen. Dies geschieht weder über den Willen noch über den Verstand. Dies bedeutet auch fundamentale Konsequenzen für die Behandler. Wie kann jemand, der nicht mit sich selbst im Dialog steht und nur über rationale Verhaltensempfehlungen verfügt, einem anderen helfen, den Dialog zu sich zu finden? Wie kann jemand einen anderen zu seinem eigenen Wesen verhelfen, wenn ihm selbst das eigene Wesen fremd ist? Hinzu kommt, dass an den Ausbildungsstätten bedauerlicherweise nach wie vor überwiegend gelehrt wird, was Krankheit bedeutet – aber wo wird das Verständnis von Gesundheit vermittelt? Meines Erachtens nach erfordert es hier ein wesentliches Umdenken hinsichtlich der Behandlungsnotwendigkeiten und -voraussetzungen, sowohl in der Lehre als auch in der Praxis, um der stetig steigenden Zahl der psychischen Erkrankungen angemessen begegnen und sie heilen zu können.

Was können Sie als betroffene Einzelperson tun?

Was können Sie tun? So, wie Sie sich in Ihrem Leben erschöpft haben und nun vor einer großen Leere oder auch dem Zusammenbruch und Chaos stehen? Was können Sie tun, um in dieser Situation nicht zu verzweifeln?

Hören Sie auf, sich über sich (oder andere) zu ärgern. Machen Sie sich folgenden Grundsatz zu eigen: Keine Energie in die Verärgerung, sondern in die Veränderung!

1. Tun Sie das, was Sie lange Zeit vermieden haben: Suchen Sie den Dialog mit sich selbst! Nehmen Sie (wieder) die Beziehung zu sich auf – und fragen Sie sich, aus welchem Grund Sie diese verloren haben! Treten Sie sich selbst gegenüber und prüfen Sie sich in Ihren Lebensbereichen. Wo sind Sie noch im Dialog und wo nicht? Wo gibt es Konflikte? Suchen Sie nach den Störungen, die Sie möglicherweise verdrängt haben. Stellen Sie sich Ihren inneren und äußeren Realitäten und fragen Sie sich, was Sie hat ausbrennen lassen. Vermeiden Sie dabei grundsätzlich Schuldzuweisungen – weder in die eine noch in eine andere Richtung.
   Dass Sie ausgebrannt sind, ist weder Ihre Schuld noch die Schuld Ihres Umfelds. Es ist eine Frage der Verantwortung – Ihrer Verantwortung. Es waren nicht die äußeren Bedingun-

gen, über die Sie sich erschöpften, sondern es war Ihr Umgang damit und Ihre Entscheidung, sich darin aufzuhalten – warum auch immer. Werfen Sie sich dieses Warum nicht vor, sondern lösen Sie es.

2. Hören Sie auf, sich über sich (oder andere) zu ärgern. Machen Sie sich folgenden Grundsatz zu eigen: Keine Energie in die Verärgerung, sondern in die Veränderung! Lernen Sie zu unterscheiden zwischen Prägung und Ihrer Identität und lösen Sie die Prägung auf, die Sie in Ihrer Identität beeinträchtigt.
3. Beseitigen Sie nicht nur die inneren, sondern auch die äußeren Störungen. Klären Sie die Konflikte, die zu klären sind, und warten Sie nicht darauf, dass sie sich von alleine klären. Sie sind auch deswegen ausgebrannt, weil Sie den Dingen zu lange ihren Lauf gelassen haben. Ändern Sie das. Denken Sie daran, dass es häufig die inneren Realitäten sind, die eine Lösung unmöglich erscheinen lassen! Vielleicht trifft dies auch auf Sie zu.
4. Fragen Sie sich, ob es unverarbeitete innere Realitäten waren, die Ihr Ausbrennen bedingten, oder ob Sie gegen Ihre Identität gehandelt haben. Ersteres ist veränderbar, Letzteres erfordert äußere Konsequenzen. Gesund zu bleiben und zu werden, heißt auch, Entscheidungen zu treffen. Werden Sie fähig zu Verzicht und zu gesunden Kompromissen. Je mehr Sie mit sich im Dialog stehen, desto leichter wird Ihnen dies fallen, denn Sie werden sehen, dass Grenzen zum Leben dazugehören. Und denken Sie daran: Wenn eine Tür sich schließt, öffnet sich oft eine andere.
5. Dies alles zu tun, setzt jedoch Ihre Bereitschaft zur Eigenverantwortung voraus. Solange Sie Eigenverantwortung als eine Belastung empfinden, so lange verkennen Sie die einzige Chance, die Sie haben, um gesund zu werden: sich selbst. Sie haben niemand anderen. Solange Sie Ihr Umfeld als für Ihre Gesundheit verantwortlich betrachten und darauf warten,

dass man Sie gesund »macht«, so lange werden Sie kein gesundes und zufriedenes Leben führen können. Dies beinhaltet auch die Erkenntnis, dass Verlorenes verloren und nicht wiedergutzumachen ist und deshalb nur im Hier und Jetzt die Möglichkeit besteht, auf seine Kosten zu kommen.

6. Verabschieden Sie sich von dem Anspruch, dass das Leben gerecht sein muss. Das Leben ist nicht immer gerecht, aber es bietet Ihnen viele Möglichkeiten. Nutzen Sie sie!
7. Verarbeiten Sie die Vergangenheit, die Ihnen in der Gegenwart und in der Zukunft ein Hindernis ist, und lassen Sie sie dann ruhen. Verabschieden Sie sich von dem, was nicht war, und ziehen Sie einen Strich unter das Gewesene. Blicken Sie nach vorne und auf das, was *jetzt* möglich ist. Wo und wie können Sie auf Ihre Kosten kommen, ohne dass dies auf Kosten Ihres Umfelds geht? Finden Sie heraus, was Sie *wirklich* brauchen.
8. Gesund zu werden, benötigt immer auch ein gewisses Maß an Ruhe. Nehmen Sie sich die Ruhe, die Sie dafür brauchen, um wieder zu sich zu finden. Lernen Sie, Nein zu sagen – auch zu sich selbst. Verwechseln Sie jedoch die notwendige Ruhe nicht mit ausruhen. Manchmal ist es für die Gesundwerdung nötig, den Alltag zu verlassen, aber nicht immer. Bedenken Sie: Je mehr Sie aus dem Alltag gehen, desto mehr verlassen Sie Ihr jetziges Leben und die Chance, sich vor Ort zu bewähren und für die Bedingungen zu sorgen, die für Sie jetzt wichtig sind.
   Auszeiten können dazu führen, dass Sie nur noch um sich selbst kreisen, sich von Ihrer Umwelt isolieren und den Anschluss an Ihr Leben verlieren. Bedenken Sie, dass das Leben stets weitergeht und mit ihm auch weiterhin Möglichkeiten entstehen, die verpasst werden können. Nehmen Sie sich vor diesem Hintergrund also eine Auszeit nur so lange wie nötig – aber nicht so lange wie möglich!

9. Der Weg zurück in die Gesundheit ist immer der Weg zurück zu sich selbst. Dort werden Sie die notwendigen Antworten erhalten. Wie Sie diesen Weg gehen, dies obliegt immer Ihrer persönlichen Entscheidung. Suchen Sie sich die Hilfe und Unterstützung, die Sie als hilfreich empfinden. Dabei sind Sie Ihr Maßstab. Alles, was Sie unterstützt, den Dialog mit sich wiederaufzunehmen, ist richtig. Erspüren Sie, was oder wer das ist.
10. Und nun zu den immer wieder gestellten Fragen: Woran können Sie erkennen, dass Sie mit sich im Dialog stehen? Woran erkennen Sie, wer Sie tatsächlich sind? Gibt es eine Benchmark? Sie wissen die Antwort: Mit Sicherheit nicht – zumindest keine allgemeingültige. Aber es wird *Ihre persönliche Benchmark* geben – wenn Sie diese entwickeln. Nehmen Sie Kontakt zu sich auf. Hören und fühlen Sie in sich hinein. Überlegen Sie doch einmal: Woran erkennen Sie, dass Sie sich freuen? Woher wissen Sie, dass Sie traurig sind? Dass Sie sich ärgern? Dass Sie zweifeln und dass Sie hoffen? Warum gehen Sie nicht weiter mit sich selbst in den Dialog und finden so Schritt für Schritt heraus, wer Sie sind? Auch wenn es Ihnen zurzeit noch nicht bewusst ist, wissen Sie, was Ihnen entspricht und was nicht. Der Maßstab ist in Ihnen, denn wäre er es nicht, dann wären Sie nicht dazu in der Lage zu sagen, was Ihnen nicht gefällt. Und es würde Ihnen nicht so gehen, wie es Ihnen geht. Vergessen Sie nicht: Ihr Zustand ist nichts anderes als ein Ausdruck dafür, dass Sie Ihre Grenzen und Ihre Bedürfnisse ignoriert haben. Vertrauen Sie auf sich. Sie sind die Antwort auf Ihre Fragen. Sie haben Ihr Maß in sich – jetzt gilt es, dies zu finden.

Solange Sie Eigenverantwortung als eine Belastung empfinden, so lange verkennen Sie die einzige Chance, die Sie haben, um gesund zu werden: sich selbst.

11. Lassen Sie sich nicht entmutigen. Der Weg ist häufig steinig und lang, vor allem dann, wenn es das erste Mal ist, dass Sie sich auf die Suche nach sich selbst machen. Es ist wie in einem dunklen Raum, wo man erst nach jedem tastenden Schritt weiß, ob man festen Boden unter den Füßen hat. Es ist ein Probieren und ein Nichtwissen und ein Erfahren. Doch der Weg lohnt sich. Er lohnt sich, denn er bietet Ihnen die Chance, wirklich zu leben. Er bietet Ihnen die Chance auf ein langfristig gesundes und zufriedenes Leben – ein Leben, welches das Ihre ist.

Ausblick

Burnout ist der Ruf nach einer Heimat, der Ruf nach Identität und nach einem wesensgemäßen Leben. Solange dies nicht erkannt wird, solange nach irgendwelchen Tools gesucht wird, um sein nicht wesensgemäßes Leben besser in den Griff zu bekommen, so lange wird die Erkrankungsrate weiter steigen.

Die Grundlage für die eigene Gesundheit ist, mit sich selbst in Beziehung zu stehen und ein authentisches Leben zu führen. Sich bei sich und in seinen sechs Lebensbereichen zu Hause zu fühlen, mit sich und seiner Umwelt im Dialog zu stehen, ist die beste Burnout-Prävention und ermöglicht ein gesundes und zufriedenes Leben. Dies wird jedoch von vielen verkannt. Die psychosomatischen Erkrankungen nehmen weiter zu. Immer mehr und immer jüngere Menschen erschöpfen sich im Laufe ihres Lebens, weil sie den Dialog mit sich selbst verloren haben und an dem Mythos eines grenzenlosen Menschen festhalten, der sein Leben aus seiner Vorstellung anstatt aus sich selbst heraus lebt. Dieses längst zur Grundlage unserer Gesellschaft gewordene Menschenbild bestimmt maßgeblich diese Entwicklung: das Bild eines rationalen

Menschen, der über den Willen und den Verstand alles regeln kann und dem keine Grenzen gesetzt sind.

Wir leben in einer Gesellschaft, in welcher der innere und häufig auch der äußere Dialog kaum eine Rolle mehr spielen und in der die Egozentrik wächst. Die überwiegende Orientierung an der Außenwelt und das Streben nach Superlativen lassen den Blick nach innen und die Frage nach der eigenen Identität kaum zu. Dass darunter immer mehr Menschen sich und ihr Umfeld erschöpfen, ist die verständliche Konsequenz.

So erfolgreich wir im wirtschaftlichen Aufbau sind, so zielsicher in der äußeren Sicherung unserer Existenz, so sehr scheinen wir Analphabeten unserer selbst zu sein. Während wir mit fast allem Äußeren etwas anzufangen wissen, scheint dies für uns selbst offenbar nicht zu gelten. Uns selbst stehen wir häufig sprachlos gegenüber.

»Gibt es eine Benchmark für den Dialog?« – »Woher weiß ich, ob ich das wirklich bin?« – »Woher weiß ich, ob ich mir etwas vormache?« Diese Fragen sind typisch für die Grundströmung unserer heutigen Zeit, deren Fundament immer auch in der Atmosphäre des Elternhauses gelegt wird. Vielen Menschen fehlt die Fähigkeit, die das Kind im Märchen *Des Kaisers neue Kleider* besitzt: die Fähigkeit, das zu sehen, was ist, das Wesentliche zu erkennen und danach zu handeln, das Gespür für das Echte.

Dieses Gespür scheint jedoch – mehr oder weniger verschüttet – in jedem von uns zu ruhen. Würden sonst diejenigen, die ein Leben fern ihrer selbst leben, dem Phänomen unterliegen, niemals anzukommen, dem Phänomen einer früher oder später einsetzenden Leere, dem Phänomen einer wachsenden, unstillbaren Gier? Auch wenn nicht benannt werden kann, was richtig wäre, so scheint doch irgendwo tief im Inneren ein Wissen um das Unechte zu bestehen. Das Unechte, das immer dann auftritt, wenn Identität fehlt.

So ist es verständlich, dass immer mehr Menschen auf der Suche nach Antworten sind. Auf der Suche nach Ruhe in einer rastlosen Gesellschaft. Was für ein Leben leben wir, wenn wir – wenn überhaupt – erst durch Meditationsseminare, Klosteraufenthalte und längere Auszeiten zu uns selbst finden, um uns dann im Alltag sofort wieder zu verlieren?

Auf der Suche nach Antworten nimmt die Orientierung an anderen Kulturen zu. Die fernöstlichen Religionen nehmen dabei einen wachsenden Stellenwert ein. Es scheint mittlerweile allgemein bekannt und gängig, dass dort notwendige Richtlinien für das Leben zu finden sind. Doch warum suchen wir nicht bei uns?

Welche Kultur nennen wir unsere eigene, die uns keine Antworten mehr auf unsere Fragen gibt? Ist in ihr nicht ausreichend Identität zu finden oder haben wir aufgehört, nach ihr zu suchen?

Leben ist Begegnung. Leben ist Beziehung. Die Suche und der Wunsch danach sind offensichtlich groß. Die sogenannten Social Media spielen dabei für viele längst eine zentrale Rolle. Feste Strukturen und Bezugspunkte lösen sich auf, Beziehungen werden immer virtueller, Menschen immer verfügbarer, jederzeit und überall. Wachstumserwartungen werden immer grenzenloser und die Ansprüche untereinander und sich selbst gegenüber immer undefinierbarer. Der Mensch überholt sich in der Beziehungslosigkeit zu sich selbst immer wieder aufs Neue mit immer unwesentlicheren Ideen und schafft sich dadurch Lebensbedingungen, über denen er mehr und mehr verbrennt.

Burnout ist längst eine gesellschaftliche Frage unserer Zeit geworden, eine Frage der westlichen Kultur, eine Frage unserer Kultur. Ist es eine Kultur, der das Wesen verloren gegangen ist? Wir befinden uns in einer Zeit, die nicht mehr wir selbst bestimmen, sondern die uns bestimmt. Wenn kein substanzielles Umdenken stattfindet, wenn es uns nicht gelingt, zu einer Kultur zu finden, in der die Grundlage im eigenen Wesen und im wesentlichen Miteinander liegt, dann werden wir in einer zunehmend substanzlosen Gesellschaft immer mehr Voraussetzungen dafür schaffen, dass wir in unserem Wesen erkranken.

Burnout ist mehr als eine bloße Überforderung; es ist weit mehr als der Ausdruck eines überlasteten Menschen, der sich aufgrund eines schlechten Zeitmanagements zunehmend in seinem Leben erschöpft hat. Burnout ist eine Aufforderung. Es ist ein gesunder, ein notwendiger Regulierungsmechanismus eines Menschen, der die Beziehung zu sich und seiner Umwelt verloren hat und »in seinem Leben fehlt«. Es ist der Ruf nach einer Heimat, der Ruf nach einem wesensgemäßen Leben und nach Identität. Solange dies nicht gesehen wird, solange nach irgendwelchen Tools gesucht wird, um sein nicht wesensgemäßes Leben besser in den Griff zu bekommen, so lange wird die Erkrankungsrate weiter steigen. Erst wenn erkannt wird, dass es kein gesundes Leben im falschen geben kann und die Konsequenzen aus dieser Erkenntnis gezogen werden, besteht die Chance auf echte Veränderung und langfristige Gesundheit. Das gilt ebenso im Großen wie im Kleinen, im Privaten wie im Beruflichen, im Persönlichen wie im Gesellschaftlichen.

Anhang: Praktische Arbeitsmaterialien und Checklisten

Erstellen Sie Ihr persönliches Stressprofil: Analyse Ihres Konfliktverhaltens anhand des Vier-Phasen-Modells

Bitte füllen Sie die nachfolgenden Kästchen aus und behalten Sie dabei die folgenden Leitfragen im Sinn:

- Welche Symptome treten in welchen Phasen auf welchen Ebenen bei Ihnen auf?
- Ab wann fangen Sie an, welche Körpersymptome zu entwickeln?
- Welche Gedankengänge sind typisch für Sie?
- Sind Sie jemand, der in allen Phasen fühlt, oder gehören Sie zu jenen, die ihre Gefühle irgendwann »abstellen«?
- Was tun Sie auf der Verhaltensebene? In welcher Phase fangen Sie an zu kompensieren? Womit?

Die Alarmphase

Welche Gedanken haben Sie?	
Welche Gefühle haben Sie?	
Welche Körpersymptome haben Sie?	
Wie verhalten Sie sich?	

Die Widerstandsphase

Welche Gedanken haben Sie?	
Welche Gefühle haben Sie?	
Welche Körpersymptome haben Sie?	
Wie verhalten Sie sich?	

Die Erschöpfungsphase

Welche Gedanken haben Sie?	
Welche Gefühle haben Sie?	
Welche Körpersymptome haben Sie?	
Wie verhalten Sie sich?	

Der Rückzug

Welche Gedanken haben Sie?	
Welche Gefühle haben Sie?	
Welche Körpersymptome haben Sie?	
Wie verhalten Sie sich?	

Analyse Ihres Konfliktverhaltens anhand des Käfermodells

Bitte füllen Sie die nachfolgenden Kästchen aus und behalten Sie dabei die folgenden beiden Leitfragen im Sinn:

- In welchem der folgenden sechs Lebensbereiche sind Sie im Dialog?
- In welcher Phase befinden Sie sich, wenn Sie sich nicht im Dialog befinden? Bedenken Sie dabei, dass hier nicht nur der äußere, sondern auch der innere Dialog gemeint ist.

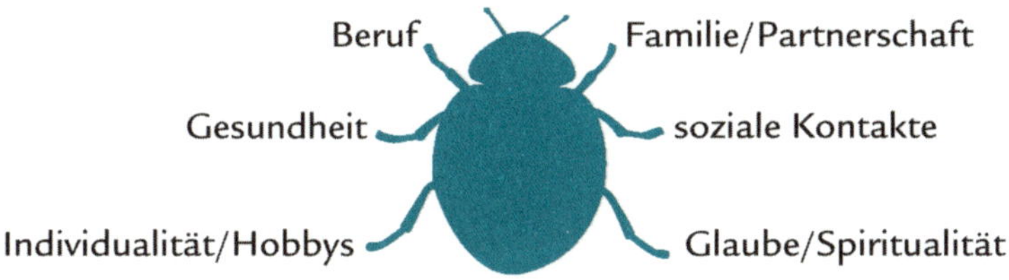

Familie/Partnerschaft	
Beruf	
Gesundheit	
Soziale Kontakte	
Glaube/Sprititualität	
Individualität/Hobbys	

Analysieren Sie nun die Bereiche, in denen Sie sich nicht im inneren und äußeren Dialog befinden:

- Warum stehen Sie nicht dort, wo Sie stehen wollen?
- Was hindert Sie daran?

Berücksichtigen Sie bei Ihrer Analyse den Punkt der inneren Realitäten. Welche Rolle spielen *Sie* bei der Bewertung Ihrer Situation? Beachten Sie auch den Punkt der Identität und Prägung. Stehen sich in Ihnen zwei Seelen gegenüber? Wenn ja: welche?

Was können Sie tun, um diese in einen Dialog zu bringen?

Zwölf Richtlinien für die Aufrechterhaltung Ihrer Leistungsfähigkeit und Gesundheit

1. Sorgen Sie für eine beständige Dialogfähigkeit in den sechs Lebensbereichen Beruf, Familie/Partnerschaft, Gesundheit, soziale Kontakte, Individualität/Hobbys und Glaube/Spiritualität.
2. Sorgen Sie für regelmäßige Entspannungszeiten. Sie sollten mindestens einmal am Tag das bewusste Gefühl der Entspannung haben.
3. Planen Sie Pausen ein. Machen Sie, wenn möglich, nur eine Sache zu einer Zeit.
4. Vermeiden Sie es, Konflikten durch Kompensation aus dem Weg zu gehen. Sorgen Sie stattdessen für eine direkte Antwort und Lösung. Gehen Sie die Ursache des Problems an.
5. Wenn Sie kompensieren müssen, dann achten Sie darauf, dass die Kompensation so gesund wie möglich ist, damit sie nicht zu Ihrem nächsten Problem wird.
6. Störungen haben immer Vorrang: Versuchen Sie so schnell wie möglich, Störungen zu klären.
7. Ernähren Sie sich ausgewogen – der Mensch ist, was er isst. Achten Sie gerade in Zeiten der Anspannung auf eine ausreichende Vitaminzufuhr (vor allem Vitamin B und Vitamin C).
8. Tun Sie mindestens alle zwei Tage etwas, bei dem Sie das Gefühl haben, dass Sie »auf Ihre Kosten kommen«.
9. Sorgen Sie für erholsamen, für Sie ausreichenden Schlaf.
10. Nehmen Sie sich regelmäßige Auszeiten.
11. Setzen Sie Prioritäten und vertreten Sie diese. Lernen Sie, Nein zu sagen – nicht nur zu anderen, sondern auch zu sich selbst.
12. Selbstkontrolle: Holen Sie sich regelmäßig kompetentes Feedback bei denjenigen, die Sie schätzen. Nehmen Sie das Feedback ernst.

Unternehmenskultur – eine gute Atmosphäre ist Voraussetzung für Gesundheit

Gehen Sie mit Ihren Mitarbeitern in den Dialog

1. Reden Sie mit ihnen, lernen Sie sie kennen.
   Finden Sie heraus, wo der individuelle Handlungsspielraum des Einzelnen liegt. Wo liegen seine Grenzen? Welchen Freiraum benötigt er? Welche Verantwortlichkeiten können Sie ihm zumuten?
2. Sorgen Sie für ein gutes Klima, denn ein gutes Klima ermöglicht, dass man sich einander anvertraut. Der Dialog auf Augenhöhe ist eine notwendige Voraussetzung dafür.
3. Gesundheitsmanagement: Schulen Sie Ihre Mitarbeiter darin, was es bedeutet, gesund zu bleiben. Die Aufklärung ist eine gute Möglichkeit für Prävention.
   Fördern Sie Gesundheitsmaßnahmen in Ihrem Unternehmen.
4. Finden Sie Möglichkeiten zur regelmäßigen Bestandsaufnahme:
   · (monatliche) Team-Supervisionen
   · (monatliche) Fragebögen
5. Sorgen Sie für regelmäßigen Urlaub.
6. Minimieren Sie Überstunden.

Führungskräfte – »Der Fisch stinkt vom Kopf«

1. Bedenken Sie die Tatsache »Nur wer sich selbst (gesund) führen kann, vermag auch andere (gesund) zu führen«. Die eigene Führung ist Voraussetzung für das erfolgreiche Führen anderer.
2. Wer mit sich nicht im Dialog steht, kann dies auch nicht mit seiner Umwelt sein. Schulen Sie Ihre Führungskräfte in den Bereichen Selbstwahrnehmung und Fremdwahrnehmung. Stärken Sie die Konflikt- und Kommunikationsfähigkeit.
3. Sorgen Sie für eine klare Rollendefinition und für klare Verantwortlichkeiten.
4. Schulen Sie Ihren Blick und den Ihrer Führungskräfte für Frühwarnzeichen, damit sowohl bei Ihnen selbst als auch bei den Mitarbeitern rechtzeitig und richtig reagiert werden kann (Begrenzungen, *direkte* Ansprache).

Betriebsärzte

1. Checkliste Burnout
2. Körperliche Symptomatik auf psychosomatische Zusammenhänge überprüfen

Werde, wer Du bist!

Stehen Sie an einem Wendepunkt in Ihrem Leben? Möchten Sie sich persönlich weiterentwickeln?

- Einzelcoaching
- Seminare und Seminarreisen
- Seminare für Führungskräfte in Unternehmen
- Vorträge
- Ausbildung

Die Autorin bietet regelmäßig in ganz Deutschland, Österreich und der Schweiz Vorträge, Seminare und Workshops zu den Themen Resilienz, Burnout und Persönlichkeitsentwicklung an. Sie bildet zum Burnout-Coach nach dem Dialogprinzip aus und coacht Führungskräfte und Teams in Unternehmen. Weitere Informationen finden Sie unter *www.mirriampriess.de*.

Impressum

7., vollständig durchgesehene und überarbeitete Auflage 2020

Projektleitung
Andrei-Sorin Teusianu

Redaktion
Clemens Sorgenfrey

Korrektorat
Susanne Schneider

Layout & Satz
Bernhard Heun

Umschlaggestaltung
*zeichenpool, München, unter Verwendung eines Motivs von shutterstock/Alekcey

Druck und Bindung
CPI books GmbH, Leck

Printed in Germany

FSC www.fsc.org MIX Papier aus verantwortungsvollen Quellen FSC® C083411

Verlagsgruppe Random House FSC® N001967

ISBN 978-3-517-08881-5